东部地区率先转型升级的劳动力市场条件研究
——以上海市为例

蔡昉 都阳 等著

LABOR MARKET CONDITIONS OF TRANSFORMATION AND UPGRADING IN EAST CHINA: A CASE STUDY OF SHANGHAI

中国社会科学出版社

图书在版编目(CIP)数据

东部地区率先转型升级的劳动力市场条件研究:以上海市为例/蔡昉等著. —北京:中国社会科学出版社,2019.5
(国家智库报告)
ISBN 978-7-5203-4341-1

Ⅰ.①东… Ⅱ.①蔡… Ⅲ.①劳动力市场—研究—上海 Ⅳ.①F249.275.1

中国版本图书馆 CIP 数据核字(2019)第 078452 号

出 版 人	赵剑英
项目统筹	王 茵
责任编辑	喻 苗
特约编辑	李凯凯
责任校对	闫 萃
责任印制	李寡寡

出 版	中国社会科学出版社
社 址	北京鼓楼西大街甲 158 号
邮 编	100720
网 址	http://www.csspw.cn
发 行 部	010-84083685
门 市 部	010-84029450
经 销	新华书店及其他书店

印刷装订	北京君升印刷有限公司
版 次	2019 年 5 月第 1 版
印 次	2019 年 5 月第 1 次印刷

开 本	787×1092 1/16
印 张	12.75
插 页	2
字 数	125 千字
定 价	65.00 元

凡购买中国社会科学出版社图书,如有质量问题请与本社营销中心联系调换
电话:010-84083683
版权所有 侵权必究

摘要：上海经济已经步入高收入发展阶段，进一步促进经济转型升级，需要努力促成转型升级的环境和条件。要扭转市场化停滞的趋势，不断深化国有企业的改革举措，管好资本并增强国有企业竞争力。进一步优化投资和创业环境，吸引更多具有发展潜力的企业和新兴业态，以创新促发展。努力构建高效、稳定与和谐的劳动力市场。妥善解决好劳动供给趋紧和劳动力成本的提高、技能需求变化和就业结构变化和老龄化加剧等矛盾。把构建包容性的劳动力市场制度、灵活性与安全性统一的保障制度作为劳动力市场建设的重点领域。

关键词：上海；东部地区；转型升级；劳动力市场条件

Abstract: As Shanghai takes the lead in driving transformation and upgrading and steps into the stage of high – income economic development, it is important to discover labor market conditions of realizing transformation and upgrading. It is crucial to reverse the trend of stagnation of marketization, to deepen the reform on state – owned enterprises, and to enhance the competitiveness of state – owned enterprises. Shanghai should further optimize investment and entrepreneurship environment, encourage the development of firms and new economy, and promote development through innovation. High – quality economic development is closely associated with an efficient, stable and harmonious labor market. The overall trend of employment in Shanghai is optimistic, particularly in terms of creating new jobs. The challenges include tight labor supply, growing labor costs, the uncertainty of transformation, and the population aging. To facilitate the economic transformation, the government should take efforts to building a harmonious and inclusive labor market, constructing a unified and flexible social security system, and promoting gender equality.

Key words: Shanghai; Eastern Area; Transformation Upgrade; Labor Market Condition

前　言

上海市是中国改革开放的排头兵，也是中国经济发展的标杆。改革开放40年，伴随着中国经济的快速发展，上海市也取得了经济社会的全方面发展，正率先实现转型升级和步入高收入经济发展阶段。上海不仅要成为区域经济发展的领头羊，还要成为现代化经济体系建设的先行者和改革开放的引领者。更需要在诸多领域先行先试，为其他地区的经济发展积累成功的经验。准确把握上海经济发展的定位和率先实现转型升级进程中的劳动力市场条件，不仅有利于上海经济社会的发展，对于其他省区也具有一定的借鉴意义。

从经济结构上看，上海的经济结构变化过程以及其在高收入阶段的结构转换和产业升级政策与经验也能为其他地区提供借鉴。当前，中国经济面临的一个重大挑战是如何通过生产率的提高，为经济发展提供持续动力。在这一过程中，配置效率占生产率的比重逐年提高，在2016年达到29%。尤其是经济结构由第二产业向第三产业变化过程中，生产率的U型变化模式，而在第三产业的发展初期，可能首先兴起的为生产率较低的低端服务业，因而带来生产率的小幅回调。然而随着高端服务业的兴起，总体的生产率再次提升。对于其他地区的发展有着积极的借鉴意义。从市场化程度的分项指标看，也需要注意在市场化程度较高地区的相对地位变化，尤其是在政府与市场关系方面和产品市场发育方面，还需要扭转市场化存在停滞或下滑的趋势。

作为一个国有经济比重较高的特大城市，如何深化国有经济改革，使其在新时代迸发出新活力，并为经济的持续发展作出贡献，是上海在今后一个时期面临的重要课题。通过分类改革，上海在过去几年已经根据国有企业的属性，推出了一系列的改革措施。今后需要不断深化国有企业的改革举措，特别要在如何管好资本，如何增强国有企业竞争力上，取得突破性进展。

创新发展对于上海这样的经济发展龙头尤其重要，但要注意到，一些城市如深圳、杭州已经在创新发展过程中取得更具活力的表现。上海要进一步优化投资和创业环境，吸引更多具有发展潜力的企业和新兴业态加入到上海的经济建设中。

经济高质量的发展离不开高效、稳定与和谐的劳动力市场。上海市在率先实现经济发展的转型升级和由高速增长阶段向高质量发展阶段的过渡中，仍然保持较好的就业形势，在新增就业岗位、安置就业困难人员、降低城镇登记失业率和劳动力市场制度建设方面取得突出成绩。同时，也存在一些问题和挑战，在劳动力市场条件方面，存在较为突出的三个矛盾。一是与全国其他大城市一样，人口结构的变化造成劳动供给趋紧和劳动力成本的提高；二是资本全球化、经济结构变迁和技术进步导致工作任务和劳动力市场的技能需求发生变化，产生一系列就业结构性矛盾，劳动力资源配置效率亟须提升。前两个矛盾也是当前中国劳动力市场普遍存在的矛盾，而第三个矛盾在上海尤为突出，一方面，老龄化进程不可扭转，社会保障负担持续加重；另一方面，以往有效缓解老龄化影响的流动人口的迁入近年来明显放缓，对于老龄化和劳动力市场的供给形成不利影响。

课题组利用多个数据来源，着重分析了由中国社会科学院人口与劳动经济研究所于2016年组织实施的第四轮"中国城市劳动力调查"（China Urban Labor Survey，以下简称CULS）数据，分析上海当前的劳动力市场状况，并与广州、武汉、沈阳、福州、西安五个城市进行相关比较分析，最后提出政策建议。

在构建和谐劳动关系方面，应当把握新时代就业趋势和劳动关系的特征，尤其注重就业形式多元化和信息化这两大因素对传统劳动关系带来的冲击，积极构建包容性的劳动关系，容纳多样化的劳动者需求和多种劳动关系形式。随着经济结构优化升级和新旧增长动能的转换，用工形式多样化、灵活化和复杂化的特征更为明显，劳动者的诉求、劳动争议的形式也将更为复杂和多元化。应当积极探索和构建包容性的劳动力市场制度，以包容性、灵活性、高覆盖为原则，积极探索新型的劳动力市场制度建设。在劳动争议的处理和劳动者代表上，要创新管理模式，不局限于依托工会这一种形式，积极发挥多元协调机制和基层组织的代表作用和谈判能力，重视并充分发挥街道（乡镇）的基层调解组织作用和社区的作用，形成多元化劳动争议调解组织体系。上海出台的关于加强基层调解组织作用的工作意见，对全国劳动关系的治理是一个有益的探索。

老龄化对上海社会经济发展的挑战非常明显，较之全国其他地区，上海的老龄化起步更早、程度更深。在这种背景下，上海应该致力于建立与劳动力市场相互协调的社会保障体系：首先，建设鼓励劳动参与为导向的保障制度；其次，建立以吸引新流入人口为导向的保障制度；最后，建立以提高生产率为导向的保障制度。以更加积极的态度推动户籍制度改革，完善以人为本的居住证制度。

与其他城市的女性劳动者相比，上海市女性就业质量处于全面领先地位，然而，在上海市劳动力市场，女性与男性仍然具有一定的差距，主要表现为女性工资明显低于男性，女性社会保险的参与率相对男性较低。通过教育、制度建设、舆论引导、保障覆盖四个方面赋权女性，以消除劳动力市场中的性别歧视。

本书由蔡昉负责总体框架设计。各章撰写分工如下：第一章由都阳、蔡昉撰写，第二章由曲玥、李雅楠撰写，第三章由屈小博、贾朋撰写，第四章由王美艳、王永洁撰写，第五章由程杰撰写，第六章由王永洁撰写，第七章由都阳撰写。

本书是中国社会科学院—上海市人民政府上海研究院资助的研究项目"东部地区率先转型升级的劳动力市场条件研究"的结项成果。感谢上海研究院对本研究和第四轮中国城市劳动力调查（CULS4）的资助，感谢中华全国妇女联合会妇女研究所，上海、福州、沈阳、广州、武汉和西安妇联及六个城市各级街道、社区等基层组织对第四轮中国城市劳动力调查（CULS4）提供的大力帮助。成功收集中国城市劳动力市场的微观数据，对本研究的完成至关重要。

目　　录

一　新时代上海经济发展的定位 …………………（1）
　（一）区域发展的领头羊…………………………（2）
　（二）改革开放的排头兵…………………………（3）
　（三）先行先试的试验田…………………………（4）

二　上海经济发展的阶段、结构与动力 …………（6）
　（一）上海市率先步入中高收入经济
　　　　发展阶段……………………………………（7）
　（二）经济结构和就业结构特征………………（19）
　（三）上海市生产率变迁的路径和源泉………（27）

**三　构建现代化经济体系的一些
　　基础条件** ……………………………………（41）
　（一）保持市场化改革的领先地位……………（42）
　（二）进一步激发市场微观主体的活力………（51）
　（三）增强创新的引领作用……………………（56）

四 构建和谐稳定的劳动关系
——从劳动力市场制度建设进行的讨论 …… (67)
 (一) 上海进行劳动力市场制度建设的
   重要性 ………………………………… (68)
 (二) 中国的劳动力市场制度框架和
   上海做法 ……………………………… (73)
 (三) 上海劳动力市场制度的实施效果 ……… (88)
 (四) 对完善上海劳动力市场制度的
   政策建议 ……………………………… (101)

五 灵活性与安全性统一的保障制度 ………… (105)
 (一) 上海人口老龄化的形势与挑战 ………… (106)
 (二) 鼓励劳动就业参与的社会保障制度 …… (115)
 (三) 促进流动人口融入的社会保障制度 …… (130)
 (四) 完善公共服务与社会保障体系的
   政策建议 ……………………………… (142)

六 和谐的社会环境
——缩减上海市劳动力市场性别差异 …… (149)
 (一) 缩减劳动力市场性别差异的
   时代意义 ……………………………… (149)
 (二) 上海市女性就业的特征 ………………… (153)
 (三) 上海市劳动力市场的性别差异 ………… (165)

（四）影响女性劳动者劳动力市场表现的

　　因素分析 …………………………………（172）

（五）如何缩减上海市劳动力市场

　　性别差距 …………………………………（176）

七　结论与建议 …………………………………（181）

参考文献 …………………………………………（185）

一 新时代上海经济发展的定位

2018年上海市实现生产总值3.27万亿元，按当年常住人口2415万人计，人均地区生产总值达到13.54万元。以2018年年末人民币兑美元的汇率计算，人均地区生产总值为1.97万美元。从经济发展水平看，以现价美元计算的人均产出水平与中等发达国家相当。从经济结构看，第二产业增加值占地区生产总值的比重为29.8%，第三产业增加值占69.9%。作为一个有着深厚工业传统的特大型城市，上海市经济结构向现代化经济体系的转化明显。

改革开放40年来，伴随着中国经济的迅速发展，上海市也取得了经济社会的全面发展。其间，既经历了20世纪90年代亚洲金融危机和2008年国际金融危机的冲击，也经历了诸如浦东新区开发等重要改革措施带来的跨越式发展；既经历了20世纪90年代国有经济改革的阵痛，也在上海自贸区等改革举措下逐步实现经济现代化。

上海是中国改革开放的排头兵，也是区域经济发展的领头羊，在经济社会发展进入新时代之际，准确把握上海的发展定位不仅对于上海的发展具有重要意义，而且对于长三角、长江经济带乃至全国的发展也有着举足轻重的影响。

（一）区域发展的领头羊

上海地处华东地区，是长三角地区的中心城市。从历史发展和区位优势看，上海的发展历来是长三角乃至整个华东地区的增长引擎。长江经济带的开发建设在为上海发展带来新机遇的同时，也给上海这个增长极带来了新的责任。伴随着经济发展进入新时代，高质量的经济发展要求上海在区域经济发展中更好地承担领头羊的角色。

首先，上海与周边及长江经济带地区社会经济一体化发展的条件更加成熟。随着经济发展，一些关键的基础设施如高铁、航运、航空取得了巨大的发展成就，上海与长三角周边城市的同城化趋势日益明显，与长江经济带地区的经济联系也更加紧密；现代物流、"互联网+"等新型业态的发展壮大，也有效推动了区域协同发展。

其次，更加切实的区域经济发展计划为上海带动周边地区发展创造了更好的条件。近年来，随着长三角协同发展、长江经济带的开发建设，各个地区发展规划的统一、协调和联动的力度不断加强，上海作为经济最发达的地区在区域合作和专业化分工中的优势也更容易发挥。

最后，在市场一体化程度提高的情况下，上海经济发展的外溢效应将更加明显，对周边地区的辐射和带动作用也会加强。

（二）改革开放的排头兵

在过去的40年里，作为改革开放的排头兵，上海对周边地区乃至全国的改革开放起到了引领和推动作用。30多年前，上海证券交易所的设立，开启了资本市场改革的先河；浦东开发区的建设对于社会主义市场经济体系的确立具有重要的示范和象征意义。近年来，上海自贸区的建立，标志着上海在更大程度、更大范围的扩大开放上，仍然起着引领的作用。

经济发展进入新时代，更高质量的发展的动力和源泉仍然来自改革开放。只不过在改革进入深水区后，新一轮改革开放的内涵更丰富、影响更深远、任务更艰巨。因此，在新一轮改革开放中继续担当排头兵，既是上海发展的新机遇，也是重要挑战。

（三）先行先试的试验田

市场经济先行国家的发展经验表明，在中等收入向高收入转换的时期，是经济结构迅速变化的时期。一方面，经济结构的变化是经济发展到一定阶段后的必然现象；另一方面，经济结构的变化为经济的转型升级提供了动力。然而，经济理论所总结的规律性变化，还需要与发展实践相结合，才能形成更加具体和有针对性的发展战略与政策。

从总体上看，中国仍然是一个发展中国家，正处于从中等收入迈向高收入的关键时期，但包括上海在内的东部发达地区已经迈入高收入发展阶段。一方面，总结其在中等收入阶段结构变化的规律，可以形成更符合中国国情的发展经验，对一些欠发达地区仍然具有参考价值；另一方面，也是更重要的，发达地区在高收入阶段的产业变化规律和转型发展的实践，对于其他地区具有先行先试的引领作用。认真总结东部发达地区的发展经验，可以制定出更符合中国特点的发展路径，提高发展的质量和效率。鉴于此，课题组以上海市为例，使用由中国社会科学院人口与劳动经济研究所于 2016 年组织实施的中国城市劳动力调查数据，分析上海市率先实现转型升级的劳动力市场条件，及其经验对于中国其他地区的启示。

二 上海经济发展的阶段、结构与动力

中国经济发展进入新常态后,经济发展的目标由快速经济发展向更高质量的发展转变。经济增长速度的平稳放缓成为中国经济进入新常态的重要特征之一。为了探索新常态下适合的区域发展模式,我们深入研究中国率先实现转型升级的发达地区,诸如上海等东部城市范例,总结出促进结构调整、产业转型的一般性经验与模式。当前上海市的人均国内生产总值(GDP)水平远超全国平均水平,已经率先达到高收入国家的水平。然而,正如经济学理论中所称的"大国经济"特征,中国区域间的发展差异显著。自1978年实施改革开放以来,中国经济年均增速近10%,其间东部沿海地区对推动全国经济发展尤为重要。在人口红利窗口期以及赶超和出口导向战略机遇期,东部沿海地区通过大力发展具有比较优势的劳动密集型产业,在国际市场上获得了较强的竞争力。同时,受益于

"中部崛起""西部大开发"等政策扶持,以及各产业在"大国经济"的地理区域之间有序迁移和重新配置,中国中西部地区也加快了追赶速度,从而最终形成了整体良好的绩效表现。

中国进入中等收入阶段后出现的一些变化,特别是人口红利的消退以及要素市场改革带来的资源环境等成本的提升,使中国传统的劳动密集型产业发展面临瓶颈,一些深层次的结构问题也逐渐显现,以往依靠劳动力、资本等要素投入驱动的规模速度型粗放发展模式难以持续。随着中国经济由高速增长阶段转向高质量发展阶段,中国经济未来将更多呈现出产业结构深层调整带来的集约和中高速增长等特征。分区域看,东部沿海地区在实现转变发展方式、优化经济结构和转换增长动力等很多方面已经走在了全国的前列。因此,了解上海市产业结构和就业结构的变化路径以及在此过程中生产率提升的机制,不仅有利于我们考察中国的经济增长源泉,更有利于我们总结有益于其他区域的发展经验。

(一) 上海市率先步入中高收入经济发展阶段

1. 上海成为全国率先发展地区

在经济发展过程中,产业结构逐渐从第一产业向第二产业进而向第三产业演变是一般性现象。改革开放以来，劳动力从农村向城市大规模的转移，使中国经济获得了丰厚的资源再配置效应。但是随着经济发展跨越刘易斯转折点，尤其是人口年龄结构变化使劳动力的绝对数量开始减少，农村劳动力向城市的转移速度开始放缓。相应地，产业结构也将朝着中高端的方向转变。对于第二产业，其将逐渐由低端的劳动密集型产业升级为资本和技术密集型产业。对于第三产业，则由传统服务业逐渐升级为以金融、信息等生产性服务为代表的现代高端服务业。而对于像上海这样的率先发展的东部沿海城市，上述转变尤为显著。

《国家统计年鉴》和《上海市统计年鉴》相关数据显示，2017年上海市人均GDP水平达到12.67万元，达到全国平均水平5.97万元的2倍以上，位居全国第二，仅次于北京；2017年GDP增速为6.9%，约等于全国平均水平（7.0%）。与此同时，通过对比上海市的产业结构与全国的情况，我们发现上海市产业结构的演进领先于全国，主要体现在第三产业占当地GDP的份额领先于全国；在制造业内部，传统的纺织、服装等行业的占比份额远低于全国，并已经开始快速萎缩，而医药制造业、通信设备制造业等生产率较高的中高端制造业则领先于全国的发展。预计上海市进一步的产业发展将会继续朝着中高端方向演进，可以带动数量有限但相对高端的新型就业。综上所述，上海在发展阶段方面领先于全国平均水平，也因而更早面临高收入阶段经济的一般性问题。因此，研究上海当前的产业发展和新型就业特点对于判断全国的产业结构发展态势有一定的前瞻作用。

2. 上海市率先步入高收入阶段

近年来，上海市经济取得了快速增长。全国人均GDP从1990年的318美元，增加至2016年的8123美元，年均增长率为13%；同期，上海市的人均GDP从1990年的1236美元，增加至2016年的17548美元，年均增长率接近11%。根据人均国民收入水平，世界银行将不同国家分为四类：低收入国家、下中等收入国家、上中等收入国家和高收入国家。按照世界银行历年公布的国家分类收入标准，20世纪90年代，中国整体发展处于低收入阶段，1998年，人均GDP达到829美元，进入下中等收入发展阶段，向上中等收入阶段迈进；2010年，中国的人均GDP水平接近4561美元，进入上中等收入发展阶段；目前中国整体上仍处在从上中等收入向高收入迈进的阶段。

与全国总体水平不同，上海市的起点较高，1990年上海市的人均GDP已经达到1236美元，远高于全国平均水平，1990—1998年间，上海市处于下中等收入经济体的水平，1998年上海市的人均GDP达到3045美元，跨越下中等收入国家的门槛，进入上中等收入发展阶段；之后上海市的人均GDP持续增长，与高收入国家的差异逐渐减小，2011年，上海市的人均GDP达到12784美元，率先步入高收入发展阶段。

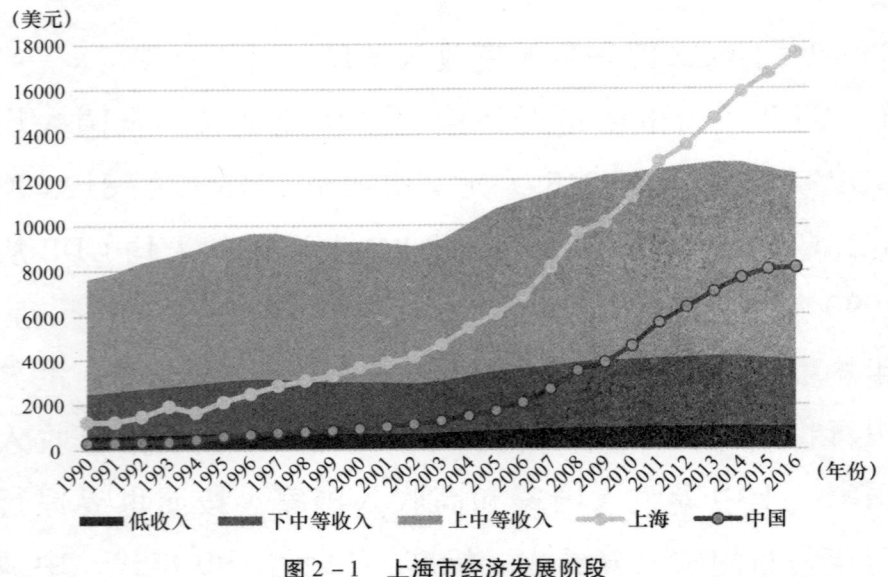

图2-1　上海市经济发展阶段

资料来源：根据世界银行WDI数据库和2017年《上海统计年鉴》整理得出。

3. 第一产业特征的国际比较

按照产业发展规律，随着人均国民收入的不断提高，第一产业在国民经济发展过程中会呈现出不断下降的趋势。自中国进入下中等收入阶段以来，第一产业占GDP的比重呈逐渐下降的趋势，从1998年的17%下降至2016年的8.6%；尽管中国于2010年进入上中等收入阶段，但第一产业的产值比重仍高于上中等收入阶段的平均水平。与中国整体水平不一样，上海市1998年第一产业仅占GDP的1.9%，远低于中国平均水平；同时，上海自进入上中等收入阶段以来，其第一产业的产值仍呈现逐渐下降的趋势，2016年占GDP的比重为0.4%，远低于上中等收入国家的平均水平，甚至低于高收入国家的平均水平。2015年，与同期的高收入国家，如日本、韩国、新加坡、美国、英国、法国和德国相比，上海市第一产业产值占GDP的比重低于除新加坡外的大多数国家。

从就业来看，与第一产业产值比重的变化趋势一致，伴随着工业化进程的加速，第一产业的农业人口向第二产业转移加速，中国第一产业的就业比重持续下降。尽管如此，中国第一产业的就业比重仍相对较高，滞后于上中等收入国家的平均水平；2016年，中国第一产业的就业比重达到27.8%，但仍比上中等收入国家的平均水平高6个百分点。同期，上海市第三产业的就业比重也呈现出持续下降的趋势，从20世纪90年代初期的10%降至2016年的3%，连续下降7个百分点，接近高收入国家的平均水平。2016年，上海市第三产业的就业比重低于韩国和日本，但仍高于新加坡、美国、英国、法国和德国。

将第一产业的产值比重和就业比重进行对比可以计算出第一产业的比较劳动生产率。可以发现，近年来，

12　国家智库报告

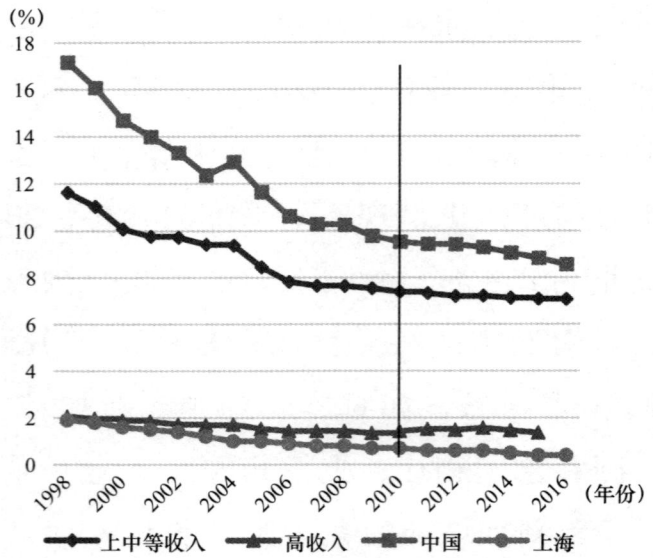

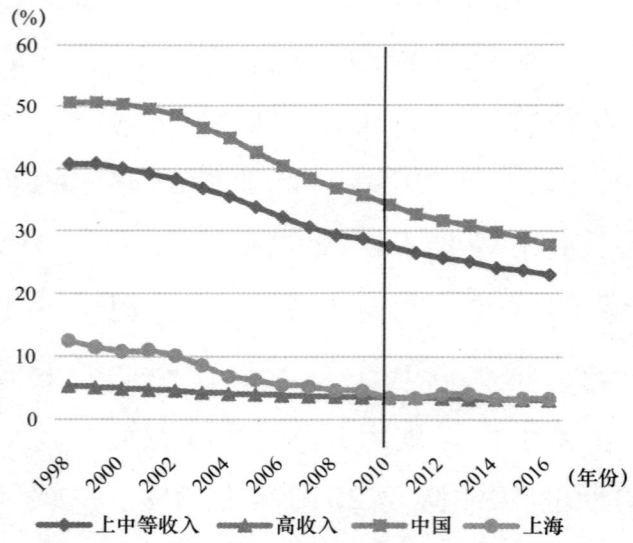

图 2-2　上海市、中国及主要高收入国家第一产业的
产值比重和就业比重（1998—2016 年）

注：左图为第一产业产值比重，右图为第一产业就业比重；竖线标记上海市进入高收入阶段的年份。

资料来源：根据世界银行 WDI 数据库和 2017 年《上海统计年鉴》整理得出。

上海市第一产业产值比重下降时,第一产业的就业比重也会相应下降,总的来说,两者的下降幅度相近,第一产业的比较劳动生产率趋于稳定,小于1。与高收入国家相比,上海市第一产业的比较劳动生产率低于高收入国家平均水平。2015年,上海市第一产业的比较劳动生产率与新加坡接近,低于日本、韩国、美国、英国、法国和德国,第一产业的劳动力应继续转移到其他部门。

4. 第二产业特征的国际比较

随着工业化进程的逐步推进和服务业的发展,中国整体第二产业所占的比重经历了先上升后下降的趋势。尽管中国于2010年进入上中等收入阶段,但第二产业的比重仍高于上中等收入国家平均水平。自1998年以来,上海市第二产业的产值比重持续下降,1998年上海市第二产业的产值比重为49.3%;2016年,第二产业的产值比重为29.8%,下降了近20%。尽管第二产业的产值比重持续下降,但2011年以来,与同期高收入国家相比,上海市第二产业的产值比重仍高于发达国家平均水平。2015年,与日本、韩国和新加坡相比,上海市第二产业的产值比重已低于韩国,但仍高于日本和新加坡;与美国、英国、法国和德国相比,上海市的第二产业的产值比重略低于德国,高于其他三个国家。值得注意的是,德国对制造业比重下降的干预政策使其第二产业的产值比重基本稳定在30%左右，高于美国、英国和法国等高收入国家第二产业的产值比重。

20世纪90年代以来，中国第二产业的就业比重呈现稳中有升的趋势，2016年第二产业的就业比重为23.9%，接近上中等收入国家的平均水平。尽管中国整体第二产业比重也接近高收入国家，但两者的意义并不一样；前者处于工业化的中期阶段，第二产业对经济发展起主要作用，而后者处于后工业化发展阶段，第二产业的产值和劳动力逐渐减少，趋于平稳，第三产业成为经济发展的主要力量。与第二产业的产值变化趋势一致，上海市的就业比重也呈不断下降的趋势，但仍高于高收入国家的平均水平。2016年，上海市第二产业就业比重为33%，比日本、德国高6%，比新加坡、美国高16%。

从第二产业的比较劳动生产率可以发现，1998年中国整体第二产业的比较劳动生产率为2.3，随后呈递减的趋势，2016年比较劳动生产率为1.7，仍高于上中等收入国家，具有较强的就业吸纳能力。同期，上海市第二产业比较劳动生产率相对稳定，基本在1左右波动，同高收入国家比较劳动生产率基本一致，上海市第二产业的产值和就业基本达到均衡。

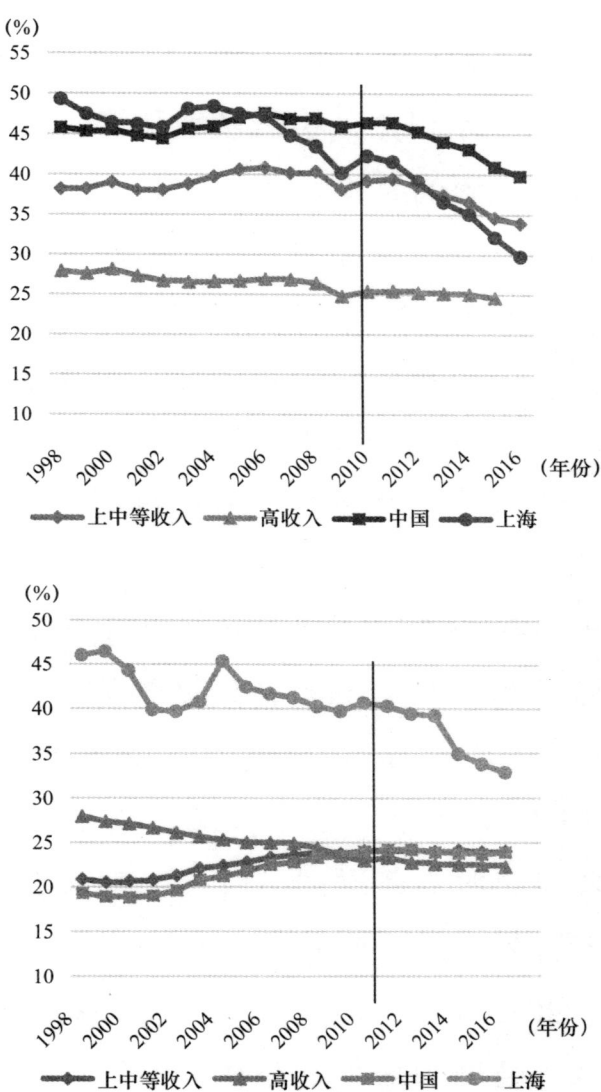

图 2-3 上海市、中国及主要高收入国家第二产业的产值比重和就业比重（1998—2016 年）

注：左图为第二产业产值比重，右图为第二产业就业比重；竖线标记上海市进入高收入阶段的年份。

资料来源：根据世界银行 WDI 数据库和 2017 年《上海统计年鉴》整理得出。

5. 第三产业特征的国际比较

与前两个产业相比，第三产业服务业更能反映工业化后期经济发展的结构特征。自1998年以来，中国第三产业占GDP的比重逐渐提升，从最初的37%上升至2016年的51%，上升了14个百分点；尽管2010年，中国进入上中等收入发展阶段，服务业得到了快速的发展，并于2013年超过第二产业的产值比重，但总体而言，中国第三产业的产值比重仍低于上中等收入国家平均水平。

上海市1998年第三产业的产值比重接近49%，比中国整体水平高12%；与整体发展趋势一致，上海市第三产业的产值比重逐渐提升，2016年已经接近70%，比1998年增加了21%；2011年，上海市进入高收入阶段时，服务业增加值所占比重为58%，而同期发达国家服务业比重平均水平为73%，两者相差15个百分点，2015年，两者的差距缩小至10%。2016年，与日本、韩国和新加坡相比，上海市第三产业的产值比重高于韩国，但低于日本和新加坡；与美国、英国、法国和德国相比，上海市第三产业的产值比重均低于这四个国家，接近德国第三产业的产值比重。

从就业比重来看，中国进入中等收入阶段以来，第三产业服务业的就业比重逐渐上升，从1998年的

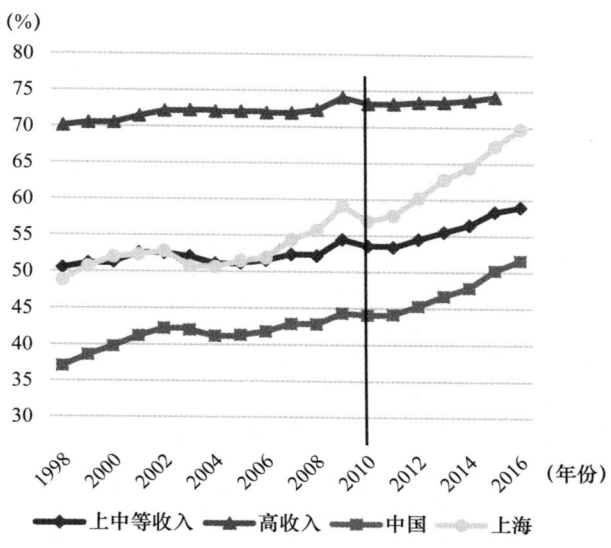

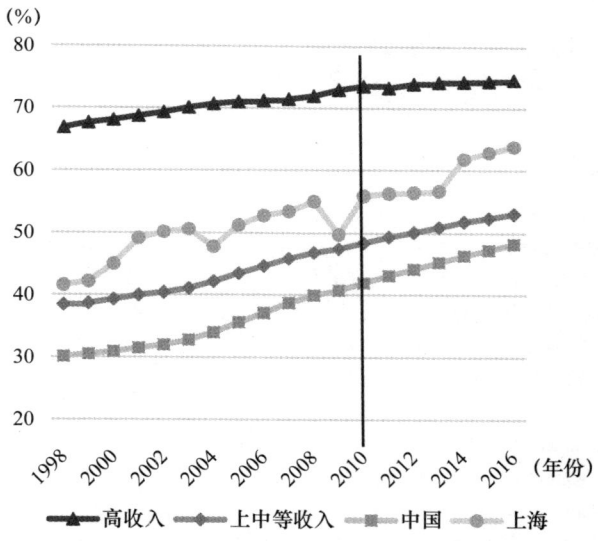

图2-4 上海市、中国及主要高收入国家第三产业的
产值比重和就业比重（1998—2016年）

注：左图为第三产业产值比重，右图为第三产业就业比重；竖线标记上海市进入高收入国家的年份。

资料来源：根据世界银行WDI数据库和2017年《上海统计年鉴》整理得出。

30%上升至2016年的48%,但仍低于上中等收入国家的平均水平。上海市第三产业的就业比重呈不断上升的变化趋势,从1998年的41%上升至64%;与第三产业的产值比重不一致,第三产业的就业比重低于高收入国家的平均水平。2016年,上海市第三产业的就业比重比日本、韩国、德国低近6%,比法国低13%,比新加坡、美国和英国低20%。

整体而言,随着人均GDP水平的逐渐提高,中国于2010年进入上中等收入阶段,而2011年上海市就已经进入了高收入发展阶段,当前上海处于工业化后期。

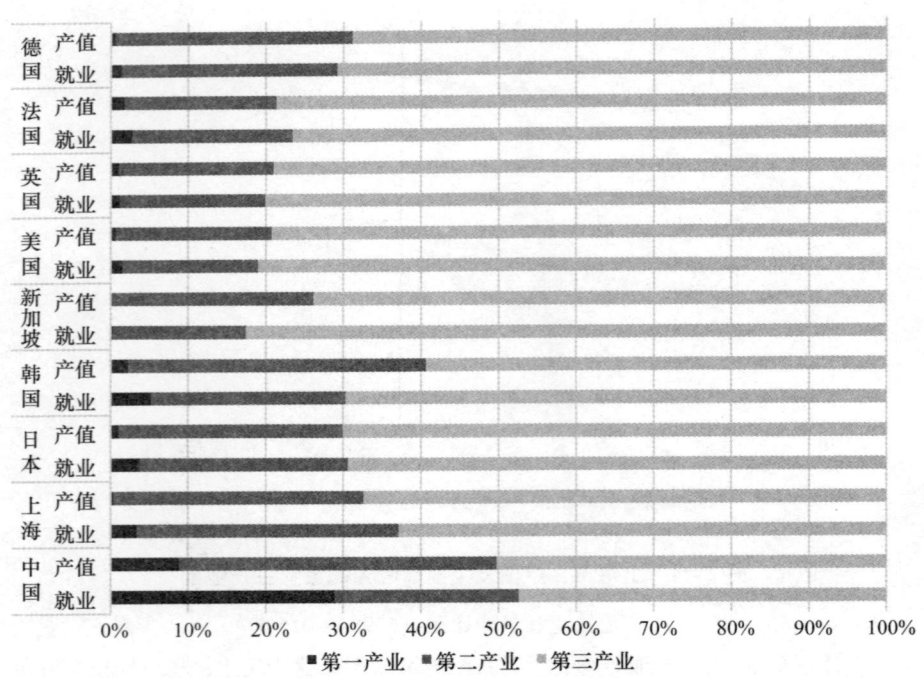

图2-5 上海市、中国及主要高收入国家的产业结构和就业结构(2015年)

资料来源:根据世界银行WDI数据库和2017年《上海统计年鉴》整理得出。

随着国民收入水平的不断提高,产业结构和就业结构发生重要变化,第一产业产值和比重不断下降,第二产业产值比重波动有下降趋势,第二产业就业结构基本保持稳定,第三产业的产业和就业结构保持良好的上升趋势,但第二产业和第三产业的发展仍滞后于上中等收入国家的平均水平。上海市第二产业的产业结构和就业结构下降趋势明显,第三产业逐步发展,成为上海市经济发展的主要动力来源。与高收入国家相比,上海市产业结构的发展略有滞后,尽管第三产业的产值比重接近部分发达国家水平,但第三产业的就业比重仍偏低。

(二) 经济结构和就业结构特征

1. 产业结构的特点和变化态势

我们需要了解上海市就业结构和经济结构的具体状况。从图2-6可以看出,自从1978年以来,上海市第一产业的份额较为稳定,比重始终较低且继续保持略有下降的趋势,1978年,第一产业的产值份额为4%,2016年第一产业的产值比重仅为0.4%,至此上海市的第一产业几乎不占GDP的主要组成部分,因而我们需要更多关注第二产业和第三产业的情况。那么观察第二产业和第三产业份额的变化情况我们可以发现,上海市产业结构的变化总体可以划分为三个阶段。第一

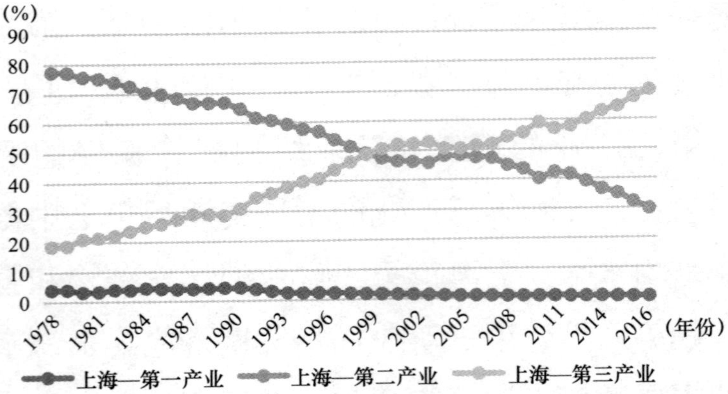
(%)
90 80 70 60 50 40 30 20 10 0
1978 1981 1984 1987 1990 1993 1996 1999 2002 2005 2008 2011 2014 2016 (年份)
上海—第一产业
上海—第二产业
上海—第三产业

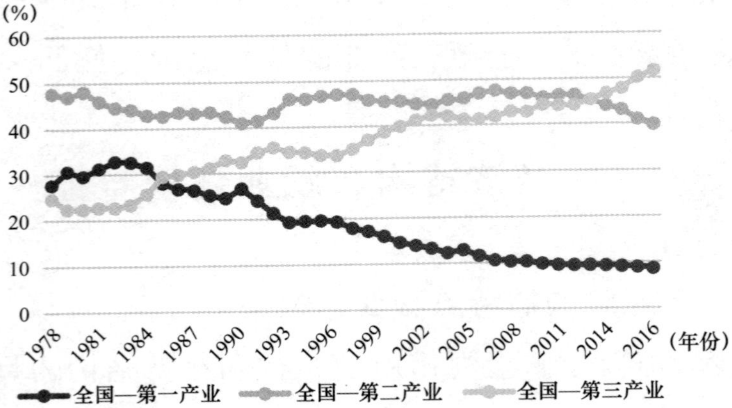
(%)
60 50 40 30 20 10 0
1978 1981 1984 1987 1990 1993 1996 1999 2002 2005 2008 2011 2014 2016 (年份)
全国—第一产业
全国—第二产业
全国—第三产业

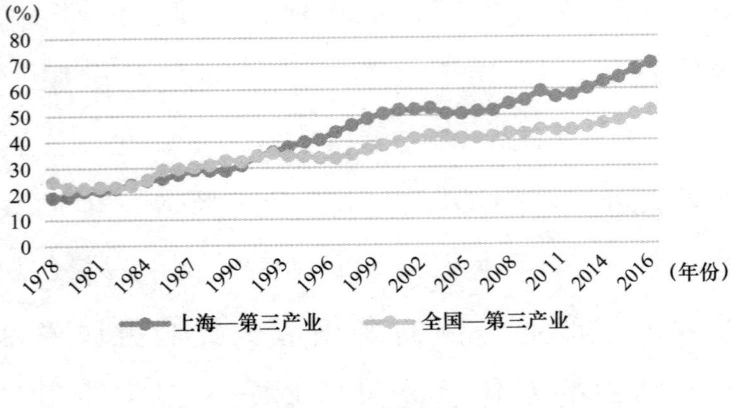
(%)
80 70 60 50 40 30 20 10 0
1978 1981 1984 1987 1990 1993 1996 1999 2002 2005 2008 2011 2014 2016 (年份)
上海—第三产业
全国—第三产业

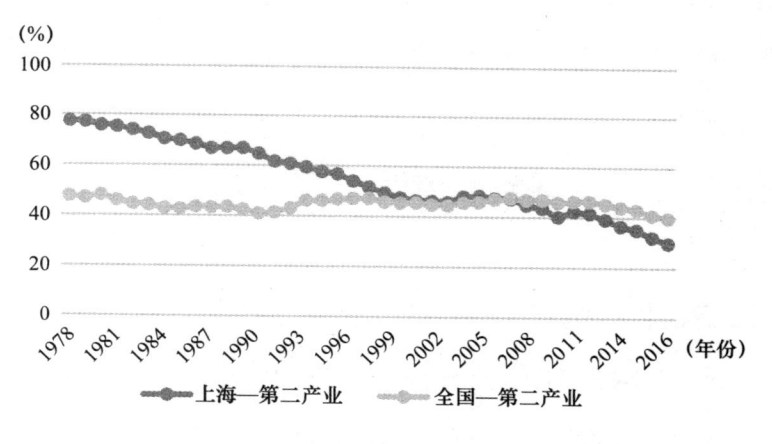

图 2-6 上海市和全国的三大产业结构情况
(1978—2016 年)

资料来源:根据历年《上海统计年鉴》相关资料整理。

阶段为 1978—1998 年,在这个阶段第二产业比重持续下降,第三产业的份额在提高,但第二产业的份额高于第三产业;第二个阶段为 1999—2004(2006)年,这一阶段虽然第三产业的份额高于第二产业,但二者的份额差别并不大,第三产业的份额略高于 50%,第二产业份额略低于 50%;然而第三阶段,2004(2006)年以后,第三产业的份额开始快速提高,而第二产业的份额开始进一步下降,二者的差距拉大。2016 年上海市的第二产业份额不到 30%,第三产业的份额接近70%,第三产业成为上海市的支柱产业。

如果我们把上海市的情况同全国的经济结构相对照可以发现,当前全国第三产业的份额约等同于上海在 21 世纪初第三产业份额的水平；全国第二产业的份额则相当于上海在 2012 年第二产业份额的水平。那么无论从哪个产业的情况来看，上海市的经济结构远超过全国产业结构调整的进展。

2. 就业结构的特点和变化态势

产业结构变化必然引起劳动力在产业间的转移，即就业结构的变化。自 1978 年以来，上海市第一产业劳动力就业比重呈持续下降的趋势，1978 年第一产业就业份额为 34%，2016 年第一产业就业份额只有 3.3%。就业结构的变化轨迹不完全等同于产业结构的演化轨迹，体现在就业结构变化的三个阶段。第一阶段为 1978—1990 年，在这个阶段第二产业的就业份额和第三产业的就业份额都有所提高，只有第一产业的就业份额在下降；第二阶段为 1991—1999 年，在这一阶段上海市第二产业的就业份额开始下降，第三产业的就业份额继续提高，但总体上第二产业的就业份额高于第三产业；第三阶段为 2000 年以后，在这个阶段第三产业的就业份额超过第二产业，并且第二产业就业份额继续下降（除个别年份略有回升），第三产业就业份额继续提高（除个别年份略有下降）。在这期间，第二产业的就业比重呈现先上升后下降的趋势，而第三产业的就业份额则始终在提高。直至 2016 年，上海市第三产业的就业占全部就业的63.8%，第二产业的就业份额则为33%左右。

对比同时期全国的就业结构可以看出，全国当前的第三产业就业份额情况基本相当于上海市在21世纪初第二产业就业份额的水平；全国当前第二产业的就业份额与上海市当前的比重差别不大；与此同时，上海市第一产业的就业比重（3.3%）则远低于全国的情况（27.7%）。无论是在产业结构上还是就业结构上，上海市的发展都领先于全国平均水平。另外，对比上海市在1978年后产业结构与就业结构的变动情况发现，上海市的就业结构并不与产业结构的变化趋势完全吻合，且就业结构的变化略滞后于产业结构的变化。特别是在上海市第二产业的产值份额下降期间，还存在第二产业就业份额提高的一段时期。

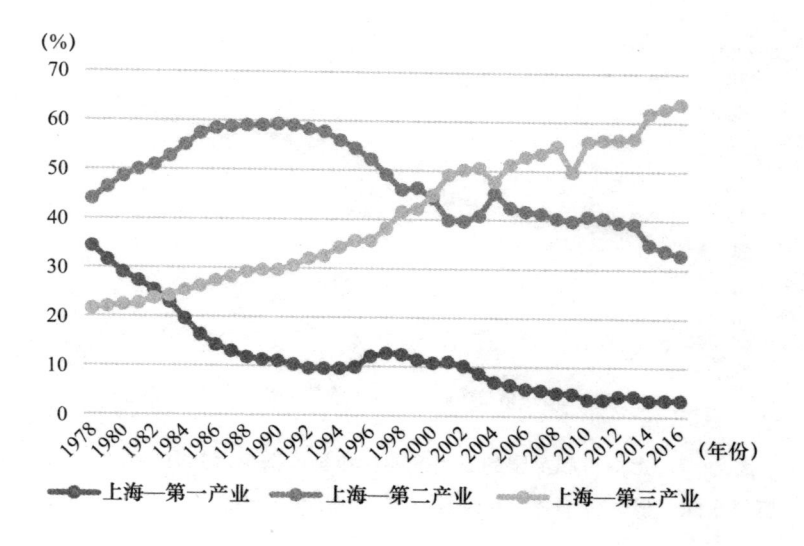

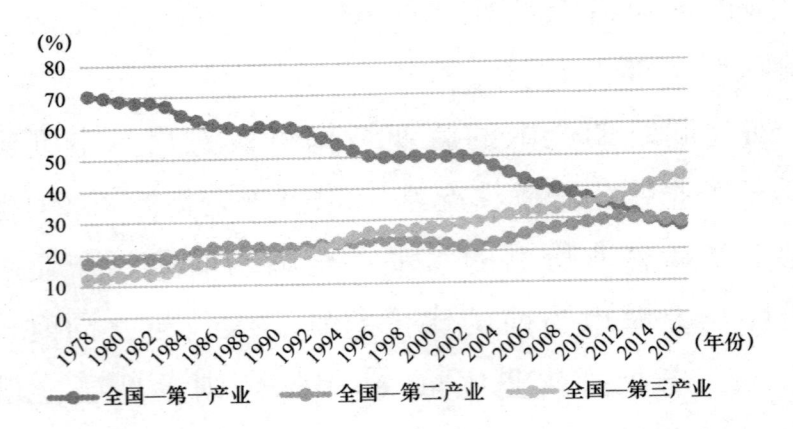

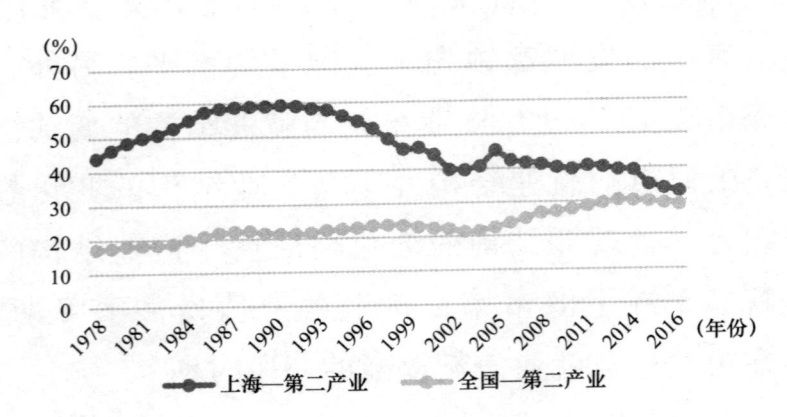

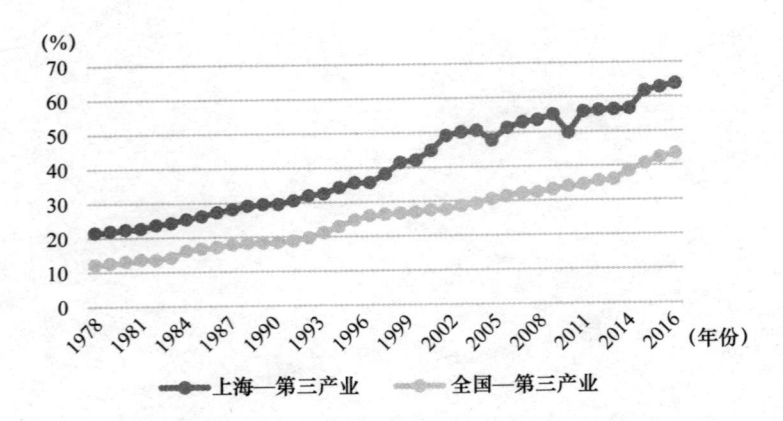

图 2-7 上海市和全国的三大产业就业结构情况（1978—2016 年）
资料来源：根据历年《上海统计年鉴》相关资料整理。

3. 上海市第二产业和第三产业的发展速度

前面我们分别关注了上海市产业结构和就业结构的变化，并同全国产业结构和就业结构的变化进行了对照。总体而言，上海市产业结构和就业结构领先于全国，上海当前第三产业占其GDP的主要部分。那么，我们再专门关注一下上海市第二产业和第三产业的绝对发展速度。如图2-8所示，我们给出了上海市第二产业和第三产业生产总值的增长率（为了消除个别年份间的波动我们采用了三年移动平均值）。从图2-8可以看出，在1991年之前，第三产业的增长快于第二产业，然而由于起点较低，第三产业的份额还远达不到第二产业份额的水平；在1992—2005年，第二产业和第三产业的增长速度时高时低，二者份额的差

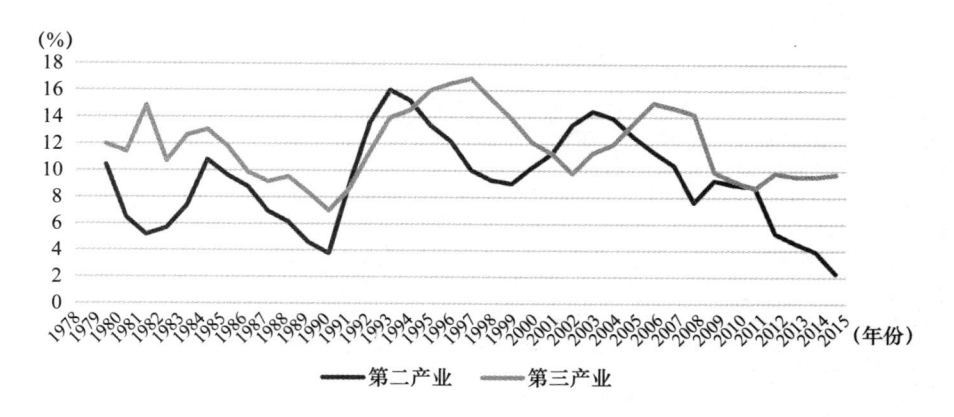

图2-8 上海市第二产业和第三产业增长率（1978—2015年）

注：为平滑个别年份的波动，图中指标为三年移动平均值。

资料来源：根据历年《上海统计年鉴》相关资料整理。

距也并不明显；然而在 2005 年之后，上海市第三产业的增长速度始终高于第二产业，最终也形成了第三产业的飞跃发展，第二产业和第三产业的差距最终拉开。

4. 就业结构和产业结构的偏离度

我们采用结构偏离度来衡量产业产值结构和就业结构偏离程度的一个指标（即产值份额除以就业份额）。在没有任何不对称的情况下，这一指标为 1，就业份额即为产业份额。一般来说，该指标大于 1 或更大，对应产业的相对效率越好，劳动生产率越高，因为产值份额和就业份额的比值大于 1 意味着产值的比重大于就业比重，因而劳动生产率更高。如图 2-9 所示，在 1990 年之前，第二产业的产业偏离度大于 1 且

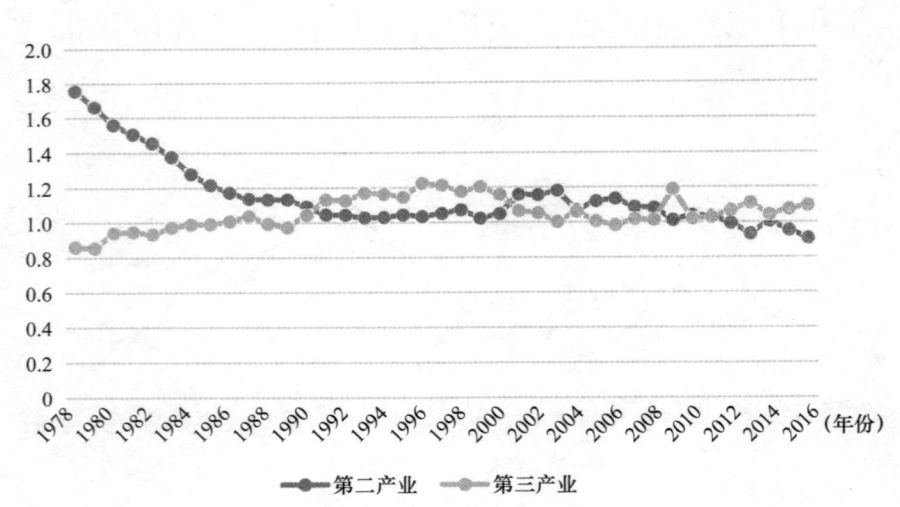

图 2-9 上海市第二产业和第三产业的就业和
经济偏离度（1978—2016 年）

资料来源：根据历年《上海统计年鉴》相关资料整理。

大于第三产业,那么此时第二产业的劳动生产率更高,且高于第三产业。在1991年以后,第二产业和第三产业的产值份额和就业份额的比值都在1附近,因而产业结构和就业结构的偏离并不明显。同时我们也可以看出,2012—2016年,第三产业的产业偏离全部大于第二产业,因而显示出第三产业的劳动生产率已经超过了传统的第二产业。

(三) 上海市生产率变迁的路径和源泉

我们进一步关注上海市生产率的变化路径,以及在产业结构快速变迁时期,产业结构的调整在生产率变化中的作用机制和贡献。首先,我们观察上海市人均

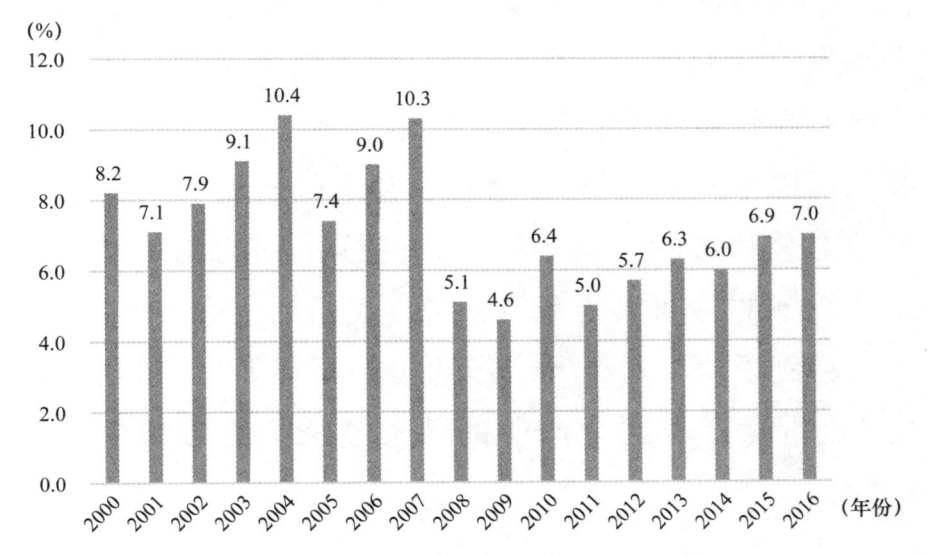

图2-10 上海市人均GDP增长速度(2000—2016年)

资料来源:根据历年《上海统计年鉴》相关资料整理。

GDP 的增长情况。人均 GDP 同劳动生产率并不是同一个指标，但是人均 GDP 反映了基本的生产率，也体现了最终的发展水平。我们看到，在进入 21 世纪之后，在 2007 年之前，人均 GDP 的增长率都保持在约 8% 的水平上，2008 年左右人均 GDP 的增速有所放缓，2011 年之后人均 GDP 的增速再次提高和加速。

1. 生产率的测算和分解方法

为了探析上海市生产率的变化态势以及产业结构变动对生产率提高的贡献。我们需要测算以及分解生产率，以便测算出在生产率增长中结构变化带来的部分。我们根据分行业的产值水平和就业数量测算各个劳动生产率的水平。为了进一步得到产业结构变动带来的生产率改善的配置效应，我们可以把各行业的生产率水平按照各行业的就业份额加权得到总体生产率水平。具体做法为：测算出每个产业的生产率水平后，我们可以依据劳动的数量 l 作为权重来加权得到三个产业的总和边际劳动生产率，这样得到的总体的以及某个领域的总和生产率的方法，我们把它称为加权法。

举例说明，对于 n 个产业中的某产业 i，采用劳动力 l 进行生产。这个产业的劳动要素 l 的劳动生产率即为：

$$apl_i = \frac{y_i}{l_i}$$

其中，y 为该产业的产出水平，l 为某种该产业的就业人数，下标 i 代表 n 个产业中的任一个，apl 为单个产业的劳动生产率。

那么对于全部 n 个产业，加权的劳动生产率则为所有企业的产值除以全部劳动要素投入。如下式所示，

$$APL = \frac{\sum_{i=1}^{n} y_i}{\sum_{i=1}^{n} l_i}$$

稍经数学变化，可得

$$APL = \sum_{i=1}^{n} \left[\frac{y_i}{l_i}\right] \times \left(\frac{l_i}{\sum_{i=1}^{n} l_i}\right)$$

上式中第一项 $\frac{y_i}{l_i}$ 即为单个产业 i 的劳动生产率 apl_i，第二项 $\left(\frac{l_i}{\sum_{i=1}^{n} l_i}\right)$ 即为该产业的就业份额。因而加权的劳动生产率 APL 即对每个产业的劳动生产率依其就业份额（$Domar$ 权重）进行加权汇总而得出。

这样加权得到总体生产率水平后，我们就可以采用 Olley Pakes 的分解方法，对生产率及其增长进行分解。即把总体的加权生产率分解为纯生产率增长的部分以及结构变动的配置效应部分。这里假定一个产业层级 i，p_t 为某时点 t 的总体加权生产率，p_{it} 是企业层级在 t 时点的生产率，s_{it} 是该企业在时点 t 所占的份额；因此，可以将加权的总和生产率 p_t 分解如下：

$$p_t = \sum_{i=1}^{N_t} (\bar{s}_t + \Delta s_{it})(\bar{p}_t + \Delta p_{it})$$

$$= N_t \bar{s}_t \bar{p}_t + \sum_{i=1}^{N_t} \Delta s_{it} \Delta p_{it}$$

$$= \bar{p}_t + \sum_{i=1}^{N_t} \Delta s_{it} \Delta p_{it}$$

其中，

$$\Delta s_{it} = s_{it} - \bar{s}_t ; \Delta p_{it} = p_{it} - \bar{p}_t$$

$\bar{s}_t$ 和 $\bar{p}_t$ 分别为份额的均值和生产率的均值，$\sum_{i=1}^{N_t} \Delta s_{it}\Delta p_{it}$ 反映结构变化的配置效率。一个最优的配置状态是所有的单位具有同样的生产率表现，这样各单位的生产率均值即为加权的总和生产率水平。而作为生产率分布存在差异的现实情况而言，在均值一定时，如果相对份额大的产业的生产率更高，那么以该生产要素在这个领域的配置状况为正，这样就拉高了总体生产率（等式左边），如果总体上份额大的单位生产率偏低，那么总体的配置状况为负，于是拉低了总体生产率。

2. 上海市分产业劳动生产率水平

依据上面的测算方法，我们首先计算了上海市三大产业的劳动生产率水平，同时测算了三大产业的就业份额，如表 2-1 所示。可以看到，2004—2010 年，第三产业的总体生产率水平低于第二产业,然而在 2011 年之后,第三产业的劳动生产率水平开始超越第二产业。也就是说,在 2010 年之前,第二产业就业份额的提高以及第三产业就业份额的减少会带来总体生产率的改善;在 2011 年之后,第三产业就业份额的提高以及第二产业就业份额的减少会带来总体生产率的改善。而我们看到,就业份额在第二产业和第三产业中大体上体现了这样的趋势,因而在 2004 年之后,产业结构的变动和相应就业结构的变化带来了上海市生产率的总体改善。

表 2-1　　　　　　三大产业劳动生产率及相应的就业份额

	劳动生产率			就业份额		
	第一产业	第二产业	第三产业	第一产业	第二产业	第三产业
2004	1.24	12.32	9.03	0.0804	0.3776	0.5420
2005	1.32	13.81	9.63	0.0707	0.3734	0.5560
2006	1.70	15.35	10.44	0.0625	0.3700	0.5675
2007	1.90	16.57	12.50	0.0591	0.3770	0.5639
2008	2.26	14.35	13.58	0.0469	0.4027	0.5504
2009	2.35	14.19	15.06	0.0456	0.3974	0.5570
2010	3.08	16.27	16.12	0.0340	0.4068	0.5592
2011	3.35	17.81	17.92	0.0338	0.4030	0.5632
2012	2.80	17.85	19.37	0.0410	0.3944	0.5646
2013	2.69	17.73	21.38	0.0408	0.3922	0.5670
2014	2.77	17.13	18.10	0.0328	0.3492	0.6180
2015	2.39	17.38	19.89	0.0338	0.3377	0.6285
2016	2.41	18.74	22.57	0.0333	0.3285	0.6382

注:劳动生产率的单位为万元/人。

资料来源:根据历年《上海统计年鉴》相关数据整理计算。

那么，依据前面说明的加权劳动生产率的计算方法，我们把表 2-1 中的三个产业的劳动生产率按照各自的就业份额加权，即得到每年的总体劳动生产率水平。我们看到 2004—2016 年总体生产率水平从 9.6 提高至 20.6。然而，在此期间的 2014 年和 2015 年，出现了生产率的小幅下降，前面我们看到，2014 年和 2015 年是上海市产业结构，特别是第二产业和第三产业快速变迁的时期，为什么在这个时期会出现总体生产率增长的变缓。我们需要对生产率水平进行分解。

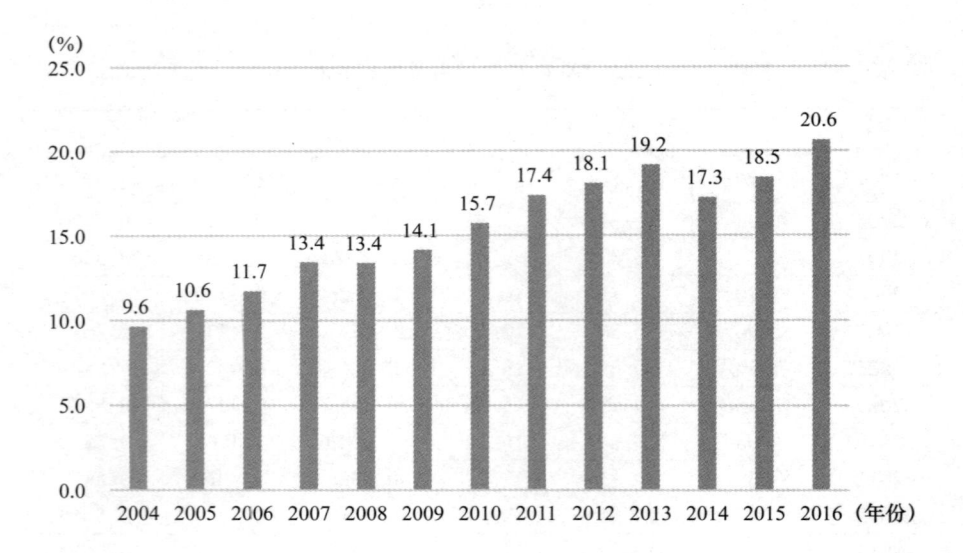

图 2-11　上海市总体劳动生产率水平（2004—2016 年）

注：劳动生产率的单位为万元/人。

资料来源：根据历年《上海统计年鉴》相关数据整理计算。

3. 三大产业结构变化的配置效率对生产率提高的贡献

根据前面的生产率分解方法，我们依据三大产业，对总体生产率水平进行分解，得出生产率的均值和产业结构的配置效率部分。表2-2中列出了总体生产率水平b，以及其中的产业结构的配置效率部分a；另外还给出了生产率增长中由配置效率带来的部分。此外，还分别测算了产业结构变化的配置效率占生产率的比重a/b，以及生产率增长中由产业结构变化带来的部分c/d。

可以看到三大产业的配置效率始终为正，并且逐年提高，配置效率占生产率的比重也逐年提高，在2016年达到29%；这意味着在第一产业、第二产业和第三产业的层级上，在生产率高的产业就业份额更高，三大产业特别是第二产业和第三产业的产业结构变迁带来了上海市总体生产率的提高。此外，我们也可以看出，除了个别年份，配置效率的改善也始终为正。我们特别关注一下2014年和2015年总体生产率下降时候的具体情况，可以看出在2014年和2015年，就业份额从第二产业转移到第三产业，然而在这一时期第三产业自身的生产率出现了下降，因而，带来了配置效率的下降以及总体生产率的下降。这样的情况可能意味着，在从第二产业向第三产业变迁的过程中，虽然第三产业的生产率高于第二产业,然而在第三产业的发展初期,可能首先兴起的为生产率较低的低端服务业,因而,带来生产率的小幅回调。然而随着高端服务业的兴起,总体的生产率再次提升。

表2-2　三大产业结构变化的配置效率对生产率提高的贡献

	配置效率 a	生产率 b	a/b	生产率增长 c	配置效率改善 d	c/d
2004	2.12	9.65	—	—	—	—
2005	2.35	10.60	0.2217	0.96	0.23	0.2448
2006	2.55	11.71	0.2176	1.10	0.20	0.1784
2007	3.09	13.41	0.2302	1.70	0.54	0.3168
2008	3.29	13.36	0.2466	-0.05	0.21	-4.2340
2009	3.60	14.14	0.2549	0.78	0.31	0.3974
2010	3.92	15.74	0.2488	1.60	0.31	0.1947
2011	4.36	17.38	0.2506	1.64	0.44	0.2679
2012	4.75	18.09	0.2627	0.71	0.40	0.5589
2013	5.25	19.18	0.2737	1.09	0.50	0.4568
2014	4.59	17.26	0.2660	-1.93	-0.66	0.3429
2015	5.23	18.45	0.2836	1.19	0.64	0.5371
2016	6.07	20.64	0.2939	1.81	0.74	0.4126

注:劳动生产率的单位为万元/人。

资料来源:根据历年《上海统计年鉴》相关数据整理计算。

4. 服务业的内部结构变迁对于生产率的影响机制

为了探索从第二产业向第三产业转化的结构调整

过程中，第三产业内部的变化情况以及生产率变化途径。这里我们测算了上海市第三产业的生产率水平以及内部各产业结构的变化对于生产率变化的影响。图2-12给出了上海市服务业的总体生产率水平，可以看出在2014年和2015年服务业的生产率水平低于2013年，但是从2014年生产率的下降开始，出现了反弹，即服务业的劳动生产率经历短期下降之后，开始进一步回升。

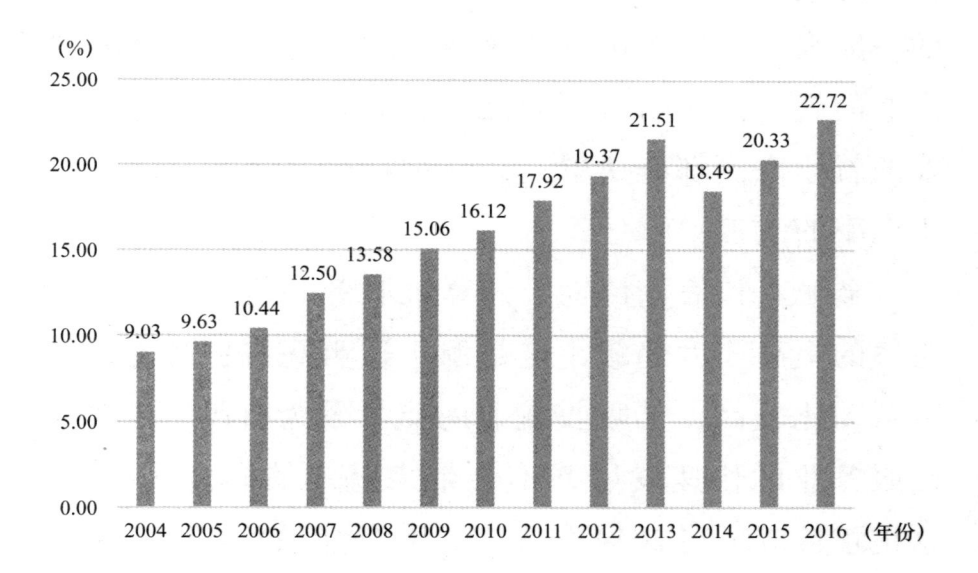

图 2-12 上海市服务业劳动生产率（2004—2016 年）

注：劳动生产率的单位为万元/人；由于统计数据中服务业内部各分项行业的指标相加后的总额与给出第三产业总体的相关指标有细微差别，因而由分项劳动生产率相加的第三产业劳动生产率与前面表 2-1 直接计算的劳动生产率有细微差别。

资料来源：根据历年《上海统计年鉴》相关数据计算得出。

表 2-3 给出了上海市服务业各行业的劳动生产率水平以及服务业各行业的就业份额。可以看出，在服务业各行业中，生产率最高且增长更快的行业为金融业；金融业的劳动生产率水平在 2016 年达到 130.86，而服务业总体的生产率水平则为 16；在 2004—2016 年金融业的生产率增长了近 3.5 倍，而服务业总体生产率增长近 1.5 倍。服务业的总体生产率水平为 22.72，在各行业中，信息传输、计算机服务和软件业、金融业和房地产业三个行业的生产率水平显著高于服务业的一般水平。在 2004—2016 年，这三个行业除了房地产业的就业份额略有下降之外，另外两个行业在服务业的就业份额都有所提高，也因而带来了服务业总体生产率的改善。

金融业和信息传输、计算机服务和软件业的就业份额的提高速度趋缓，这是源于这类高端服务业的资本劳动比较高，其吸收就业的能力较为有限，这类高端服务业的快速发展并不会带来就业的同比例提高。这也正造成了在 2014 年左右，服务业的总体生产率有了小幅下降（高端服务业的就业份额增长放缓，部分低端服务业就业份额始终提高）。然而，同时我们也看出，在 2014 年之后，服务业的生产率开始反弹，具体观察各行业的情况我们了解到，这样的反弹来自高端服务业自身生产率水平的进一步飞跃。

表2-3　上海市服务业各行业劳动生产率水平

	2004	2005	2006	2007	2008	2009	2010	2011	2012	2013	2014	2015	2016	增长
	劳动生产率													
批发和零售业	5.93	6.40	6.90	8.16	11.20	12.46	14.36	16.74	17.72	18.92	15.49	16.05	17.23	1.90
交通运输、仓储和邮政业	10.35	12.04	13.59	14.54	12.83	11.70	15.18	14.93	14.89	15.63	11.94	12.85	13.79	0.33
住宿和餐饮业	6.55	7.13	7.49	8.84	5.85	5.57	5.61	5.91	6.10	6.49	6.98	7.22	7.45	0.14
信息传输、计算机服务和软件业	38.71	37.89	42.60	45.72	41.22	31.62	33.75	28.46	32.68	39.24	26.99	30.23	33.90	−0.12
金融业	38.47	37.01	42.17	55.95	60.98	81.60	80.92	80.16	81.54	91.50	98.79	118.70	130.86	2.40
房地产业	23.02	23.35	22.97	25.63	25.13	33.86	27.89	28.65	34.38	43.15	31.48	34.10	42.50	0.85
租赁和商务服务业	6.65	6.37	6.53	9.09	10.21	11.58	13.19	14.65	16.48	18.44	10.77	11.34	12.22	0.84
科学研究技术服务和地质勘查业	12.87	13.98	14.50	15.37	15.96	10.86	11.82	14.91	17.36	21.36	18.85	19.68	21.97	0.71
水利、环境和公共设施管理业	7.83	7.92	8.06	8.06	3.30	3.97	4.20	4.77	5.17	4.64	4.39	5.14	5.52	−0.29
居民服务和其他服务业	0.99	1.06	1.36	1.56	2.26	2.48	2.87	3.48	3.83	4.34	7.81	7.99	8.74	7.84
教育	8.32	9.76	11.26	12.97	11.80	12.95	13.80	14.42	15.36	18.14	17.66	20.31	23.41	1.81

续表

	2004	2005	2006	2007	2008	2009	2010	2011	2012	2013	2014	2015	2016	增长
卫生、社会保障和社会福利业	7.06	7.91	8.81	10.23	10.65	11.62	12.27	13.89	16.32	15.45	16.04	17.35	20.01	1.84
文化、体育和娱乐业	7.80	9.41	8.69	9.82	7.06	7.30	7.89	10.82	12.54	15.88	14.63	16.86	18.28	1.34
公共管理和社会组织	8.51	9.43	11.39	14.51	16.12	17.98	19.63	21.40	21.24	19.64	13.66	15.11	18.05	1.12

就业份额

	2004	2005	2006	2007	2008	2009	2010	2011	2012	2013	2014	2015	2016	增长
批发和零售业	0.277	0.274	0.268	0.258	0.298	0.296	0.296	0.292	0.295	0.292	0.281	0.281	0.277	0.000
交通运输、仓储和邮政业	0.105	0.101	0.098	0.097	0.096	0.092	0.090	0.093	0.095	0.094	0.105	0.104	0.104	−0.012
住宿和餐饮业	0.051	0.049	0.052	0.048	0.072	0.072	0.078	0.076	0.078	0.075	0.062	0.061	0.060	0.190
信息传输、计算机服务和软件业	0.017	0.020	0.020	0.021	0.024	0.032	0.033	0.044	0.045	0.043	0.055	0.055	0.056	2.251
金融业	0.035	0.038	0.039	0.042	0.040	0.037	0.040	0.046	0.048	0.048	0.041	0.041	0.042	0.201
房地产业	0.064	0.060	0.060	0.061	0.064	0.062	0.059	0.057	0.053	0.052	0.058	0.059	0.058	−0.093
租赁和商务服务业	0.084	0.096	0.101	0.102	0.103	0.094	0.097	0.100	0.103	0.103	0.150	0.154	0.154	0.835
科学研究技术服务和地质勘查业	0.029	0.032	0.032	0.034	0.035	0.057	0.054	0.048	0.046	0.044	0.052	0.053	0.053	0.799
水利、环境和公共设施管理业	0.015	0.014	0.014	0.014	0.022	0.019	0.020	0.018	0.018	0.025	0.024	0.024	0.024	0.632

续表

	2004	2005	2006	2007	2008	2009	2010	2011	2012	2013	2014	2015	2016	增长
居民服务和其他服务业	0.165	0.163	0.167	0.174	0.109	0.107	0.103	0.095	0.092	0.091	0.042	0.041	0.042	−0.747
教育	0.060	0.058	0.055	0.055	0.051	0.049	0.048	0.049	0.048	0.046	0.044	0.043	0.043	−0.280
卫生、社会保障和社会福利业	0.039	0.038	0.037	0.036	0.034	0.033	0.033	0.033	0.032	0.038	0.033	0.033	0.033	−0.147
文化、体育和娱乐业	0.018	0.017	0.020	0.020	0.020	0.020	0.020	0.017	0.015	0.013	0.013	0.013	0.013	−0.276
公共管理和社会组织	0.041	0.041	0.038	0.038	0.033	0.031	0.031	0.031	0.033	0.036	0.040	0.039	0.040	−0.019

注：劳动生产率的单位为万元/人。

资料来源：根据《上海统计年鉴》相关数据计算得到。

通过测算上海市的经济发展状况，特别是产业结构和就业结构的特点，我们了解到，上海市不仅在全国处于率先发展的地位，更是提前进入了中高收入发展阶段。这体现在上海市人均 GDP 水平和产业结构都与中高收入阶段国家甚至高收入阶段国家相似。由此，我们也观测到了在第二产业和第三产业结构的快速变化中，第三产业的飞跃和对第二产业的替代，并且在这样的产业结构变迁过程中，带来了生产率的显著提高。尤其值得注意的是，在第二产业份额下降、第三产业份额提高的过程中，出现了第三产业生产率的短暂小幅下降以及生产率增长的放缓。这是源于第三产业的发展路径是从低端服务业逐渐向高端服务业转变，因而在第三产业兴起的初期出现了小幅的生产率下降。随着第三产业自身结构的进一步升级，在第二产业和第三产业的产业结构变迁以及第三产业自身的结构变化的过程中，生产率的提升可以来源于高端服务业份额的增加，但由于高端服务业的就业不可能无限扩大，因而，未来需要依靠高端服务业的发展带动自身生产率的进一步提升。

三 构建现代化经济体系的一些基础条件

要维持经济持续增长，中国迫切需要推动经济转型升级，培育创新驱动的经济增长方式。根据国内的实践经验，转型升级开始早的地区经济发展相对稳健，如东部地区结构调整较早，经济增长方式开始企稳向好。上海市作为重要的东部沿海发达地区的代表，如何探索一条适应自身城市发展、与城市规模相配的转型升级道路，不仅关乎上海本地的长期发展，更是拉动全国经济转型升级、获取新的增长点的重要组成部分。经济增长理论、国际经验及中国的发展实践表明，经济转型升级和创新驱动的培育不是一帆风顺、一蹴而就的，需要一些必备的条件，才能产生上海转型升级的新动能。其中，市场在资源配置中起决定作用，提升资源配置效率，进一步促进上海市产品市场、要素市场发育，提高市场化程度等，是上海作为中国经济增长龙头的基础条件；通过国有企业改革，使企业对价格信号产生的灵敏反应,转型激发企业创新和经营活力;世界经济增长由创新驱动的趋势越来越明显,上海市要推动创新发展离不开政府政策的调整和支持。

(一) 保持市场化改革的领先地位

在走向市场的改革期间,中国经济保持了高速增长,中国的经济增长令人瞩目。市场化是指中国从计划经济向市场经济过渡的体制改革,市场化不是简单的一项规章制度的变化,而是一系列经济、社会、法律乃至政治体制的变革。市场化指数是指市场化的某个特定方面,依次是政府与市场的关系、非国有经济的发展、产品市场的发育程度、要素市场的发育程度、市场中介组织发育和维护市场的法制环境。而我们使用的市场化指数是相对指数,比较各地区在朝市场经济过渡的进程中谁的市场化改革程度相对更高一些,谁相对更低一些,原因是什么。

表3-1 全国31个省(自治区、直辖市)市场化总指数排名与变化趋势

省份	市场化评分							市场化排名的进程		2014年较2008年	2014年较2008年
	2008	2009	2010	2011	2012	2013	2014	2000	2014	评分	位次
北京	7.23	7.34	7.66	7.83	8.31	8.70	9.08	14	6	1.85	-1
天津	6.53	6.55	6.98	7.29	8.87	9.30	9.17	7	5	2.64	3

续表

省份	市场化评分 2008	2009	2010	2011	2012	2013	2014	市场化排名的进程 2000	2014	2014年较2008年 评分	2014年较2008年 位次
河北	5.58	5.72	5.07	5.30	5.58	5.77	6.19	11	21	0.61	-5
山西	4.37	4.23	4.60	4.70	4.89	5.08	5.27	26	23	0.90	1
内蒙古	4.79	4.82	4.56	4.68	5.34	5.33	5.10	24	25	0.31	-4
辽宁	6.42	6.61	6.36	6.44	6.65	6.70	7.00	10	12	0.58	-3
吉林	5.81	5.87	5.49	5.64	6.15	6.23	6.42	18	18	0.61	-4
黑龙江	4.92	4.95	4.84	5.02	6.01	6.20	6.22	21	20	1.30	0
上海	8.01	8.33	8.74	8.83	8.67	8.89	9.77	6	2	0.71	-1
江苏	7.80	8.17	8.58	9.18	9.95	9.88	9.63	4	3	1.83	0
浙江	7.81	8.06	8.23	8.38	9.33	9.44	9.78	2	1	1.98	0
安徽	6.00	6.10	6.18	6.53	6.36	6.61	7.46	9	10	1.46	0
福建	6.67	6.77	6.63	6.84	7.27	7.44	8.07	3	7	1.40	0
江西	5.50	5.53	5.66	5.87	5.74	5.90	6.79	20	15	1.29	2
山东	6.98	7.04	6.87	7.02	7.41	7.55	7.93	5	8	0.95	-2
河南	5.99	6.09	6.19	6.34	6.48	6.67	7.00	16	13	1.01	-2
湖北	5.49	5.66	5.59	5.83	6.32	6.71	7.28	17	11	1.79	7
湖南	5.36	5.34	5.49	5.74	5.73	5.87	6.79	19	14	1.44	5
广东	7.51	7.62	7.73	7.91	8.37	8.69	9.35	1	4	1.84	0
广西	5.67	5.64	5.11	5.30	6.19	6.34	6.51	13	17	0.83	-2
海南	4.31	4.23	4.59	4.71	5.44	5.67	5.94	8	22	1.63	4
重庆	5.96	6.02	6.14	6.28	6.89	7.17	7.78	12	9	1.82	3
四川	5.85	5.86	5.80	5.86	6.10	6.26	6.62	15	16	0.77	-3
贵州	4.47	4.39	3.55	3.63	4.36	4.52	4.85	25	27	0.83	-4
云南	4.54	4.52	5.01	5.18	4.49	4.57	4.94	22	26	0.41	-4
西藏	1.36	1.15	0.44	0.06	0.00	-0.30	0.62	31	31	-0.74	0
陕西	4.36	4.28	3.95	4.37	5.18	5.71	6.36	27	19	2.00	6
甘肃	3.86	3.81	3.43	3.48	3.38	3.63	4.04	23	28	0.18	0
青海	2.94	2.79	2.53	2.54	2.64	2.84	2.53	29	30	-0.14	0
宁夏	4.26	4.36	3.92	3.99	4.37	4.50	5.26	28	24	1.00	3
新疆	3.59	3.55	2.87	2.95	2.94	2.98	3.49	30	29	-0.10	0

资料来源：根据2016年中国分省市场化指数整理得出（不包括港澳台）。

如表3-1所示，市场化总指数分省平均得分从2008年的5.48分上升到2014年的6.56分，提高1.08分。其中分地区看，东部地区进步较快，提高1.65分，中部地区提高1.31分，东北地区提高0.83分，西部地区提高0.54分。西部地区进展相对较慢，与2008—2011年相比，实行大规模政府投资和货币刺激政策时期对其市场化程度的影响有直接关系。2000年，上海市市场化排名第6位，2014年排名第2位，总体上在全国处于领先地位。2008—2014年间，上海的排名位次下降了一位。政府和市场关系方面的下降和货币刺激政策有关。2008—2011年间，扩张性的财政政策和货币政策对短期经济增长发挥了拉动作用，但不可否认也导致政府配置资源的比重上升和政府对市场干预的增加，削弱了市场配置资源的作用。该趋势一直持续到最近。因此，越是经济增长放缓、处于结构调整的时期，越要审慎使用财政政策和扩张的货币政策，避免削弱市场力量甚至替代市场对资源配置和价格形成的基础作用，这对上海市有重要的政策意义。

如图3-1所示，从分项指数来看，政府与市场的关系指数在整个时期都明显下降，东部地区平均得分下降了1.01分；其中，2014年上海市较2010年也有所下降。这是导致市场化总指数在2008—2010年间下降的最主要原因，也影响了后来的市场化进展。由于政府与市场关系的指数由市场分配资源的比重、减少政府对企业的干预和缩小政府规模三个分项指数组成。这说明，政府参与资源配置程度上升和政府规模扩大是导致政府与市场关系这方面市场化程度下降的主要原因。上海市在该方面的指数小幅下降，主要是由于减少政府对企业的干预和控制政府规模导致。

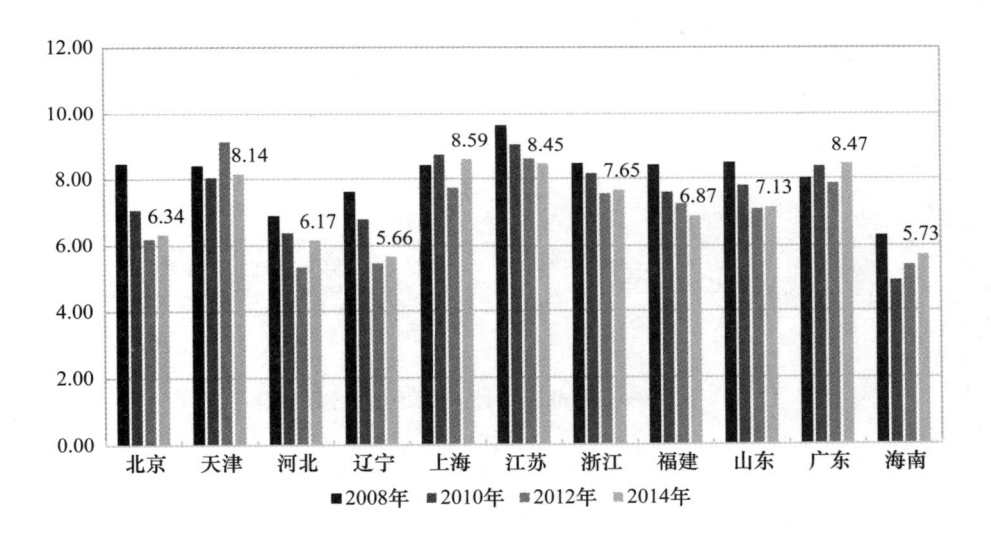

图3-1 东部省份政府与市场关系的评分变化

从图3-2可以看出，非国有经济的发展在2008—2014年仍稳步上升。总体上，非国有经济的发展得分上升1.93分，为市场化作出了贡献。其中，上海市非国有经济虽然跟全国整体的上升趋势相同，但与浙江、江苏、福建和山东等地的非国有经济发展状况相比，还有一定差距。而非国有经济发展的状况和环境是新业态新模式培育及优化上海城市发展格局的基本要素。非国有经济的发展主要体现在，非国有经济在工业销售收入中所占比重和非国有经济就业人数占城镇总就业人数的比重得分呈现出逐年上升的趋势。

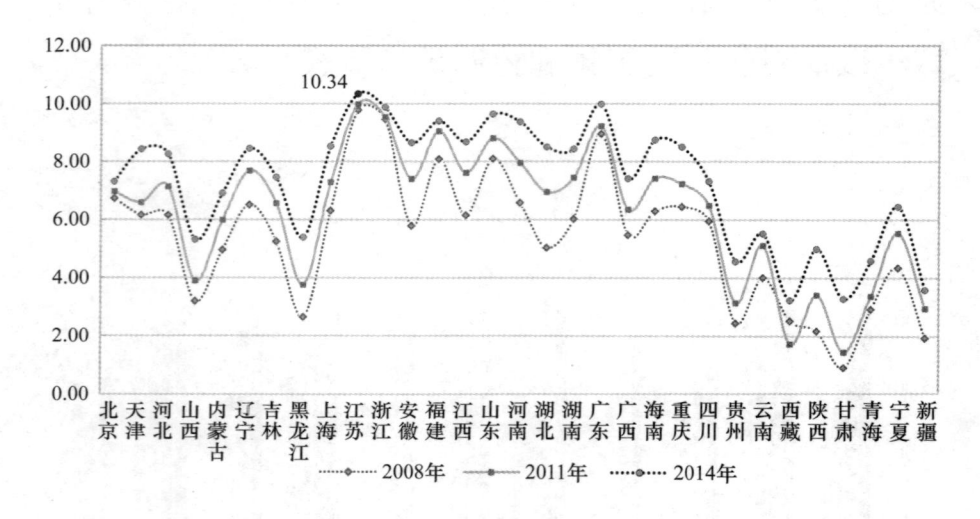

图 3-2 各省份非国有经济发展的程度及变化

图 3-3 为东部地区的产品市场发育程度及其变化趋势，其中产品市场发育程度表示价格由市场决定的程度。经过20多年的改革，大部分产品的价格由市场决定。有些省区由于其产业结构等方面的制约，政府指令性价格和指导性价格所占的比重相对较高。产品市场的发育程度指数由市场决定价格的程度（包括社会零售商品、生产资料和农产品的价格决定）和减少商品市场上的地方保护两个分项指数组成。2014年，东部地区产品市场发育程度前五名的是福建、山东、广东、辽宁、

上海。可以看出，上海的产品市场发育程度在东部地区并无优势，是制约市场化的一个主要方面。

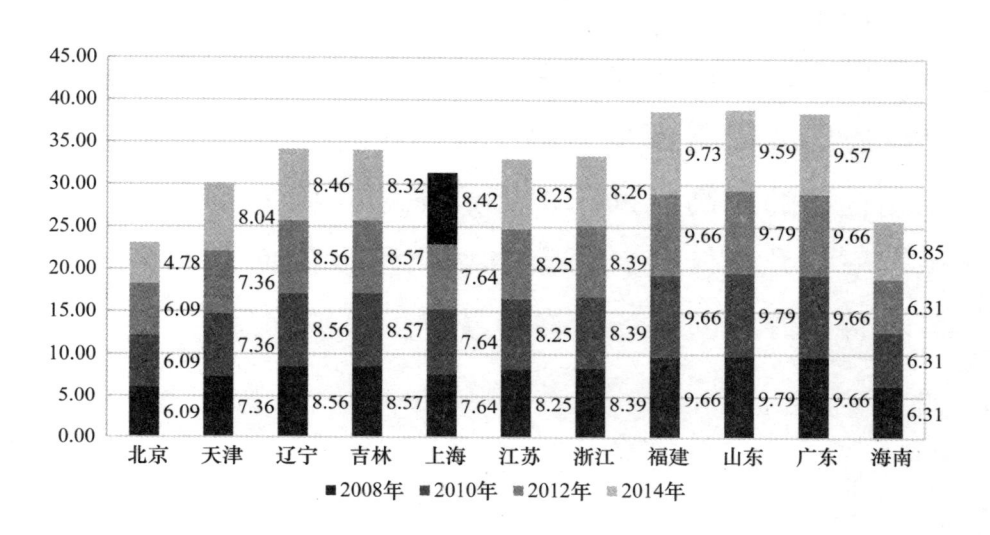

图 3-3　东部地区的产品市场发育程度及其变化

要素市场发育程度由反映金融市场、人力资本市场和科技市场的市场发育情况构成（见图 3-4）。从中可以看出，北京的要素市场化得分最高，这主要得益于科技成果市场化指数的进步，该项进步与其作为首都的地位有关，吸引了许多科技成果的市场交易在北京进行，而未必都由北京市的科技研发促成。上海的要素市场发育程度主要得益于金融业的市场化，即金融业的竞争和信贷资金分配的市场化。这与上海作为中国的金融中心地位有关，继续保持这种金融市场化的领先地位，同时，通过社会领域的制度供给及改革吸引和增加技术人员、管理人员和熟练工人的市场供应。比如，率先实施基本公共服务均等化的户籍制度改革，对改善人力资源供应有重要作用。市场化的一个最重要方面就是由政府通过计划方式分配经济资源，转向主要由市场来分配，使价格信号在企业微观经营决策方面得到良好的反应。上海市进一步促进市场化程度的提高有助于上海经济增长由要素积累型向生产率提升型转变，要素市场化程度能使企业微观主体对转型升级的市场价格信号产生灵敏的反应。

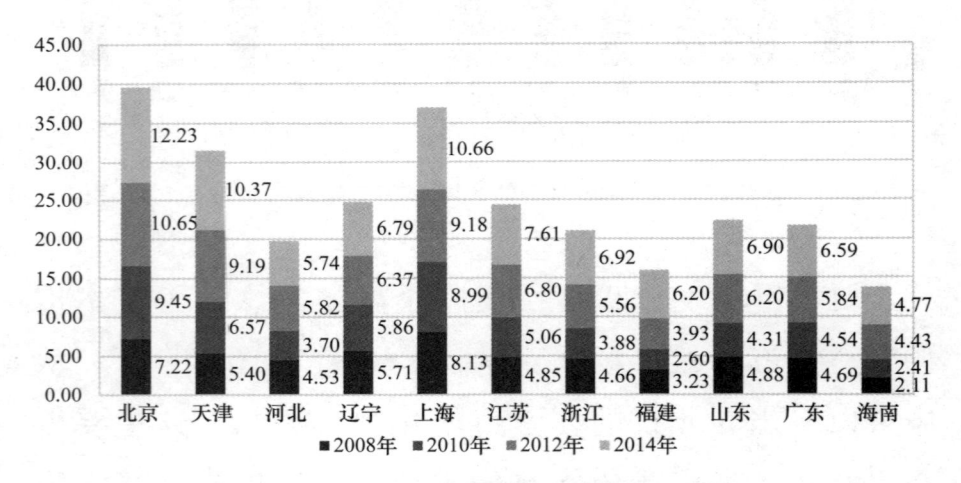

图3-4 东部地区的要素市场发育程度及其变化

表3-2 东部地区市场中介组织的发育和法律制度环境排名及变化

省份	市场化评分							市场化排名		2014年较2008年	
	2008	2009	2010	2011	2012	2013	2014	2008	2014	评分	位次
北京	7.67	8.33	8.65	9.31	11.69	12.95	14.77	3	2	7.1	1
天津	5.32	5.43	6.89	7.31	11.47	12.30	10.58	5	5	5.26	0

续表

	市场化评分							市场化排名		2014 年较 2008 年	
省份	2008	2009	2010	2011	2012	2013	2014	2008	2014	评分	位次
河北	3.07	3.13	1.80	1.84	2.06	2.15	4.20	9	9	1.13	0
辽宁	3.70	3.95	3.16	3.24	4.88	4.91	5.64	7	8	1.94	-1
上海	9.57	10.88	11.55	11.17	11.28	11.33	12.68	1	4	3.11	-3
江苏	6.46	8.41	10.62	13.10	16.12	14.82	13.52	4	3	7.06	1
浙江	8.07	9.72	11.22	11.78	15.56	15.98	16.19	2	1	8.12	1
福建	3.97	4.26	4.92	5.17	6.60	7.11	8.13	6	6	4.16	0
山东	3.69	3.88	4.07	4.23	4.98	5.00	6.39	8	7	2.70	1
广东	3.97	4.26	4.92	5.17	6.60	7.11	8.13	6	6	4.16	0
海南	0.52	0.63	2.41	2.43	3.49	3.55	3.57	10	10	3.05	0

资料来源：根据2016年中国分省市场化指数整理得出。

市场中介组织的发育和法律制度环境的指数由市场中介组织的发育、维护市场的法制环境、知识产权保护构成，排在前五位的是浙江、北京、江苏、上海、天津。2008—2014年，从全国平均水平来看，该项指数从2008年的3.58上升到2014年的6.11，上海市从2008年的9.57上升到2014年的12.68，但是排名从2008年的全国第1位下滑到2014年的第4位，主要由于按科技人员数平均的三种专利申请数量低于浙江、江苏、天津和北京。

综上所述，上海市在政府与市场关系方面和产品市场发育方面，还需要扭转市场化存在停滞或下滑的趋势，确立市场对资源配置的决定性作用。我们知道中国经济转型升级的本质是要提高全要素生产率，形成以创新驱动为主的经济新动能和发展模式。第一，全要素生产率作为一个变量，是除了资本、劳动（以及人力资本）投入对经济增长的贡献之后的一个剩余。第二，解释这个剩余的因素主要是两个：一是技术进步；二是体制改革。而体制机制改革的核心是处理好政府与市场的关系，市场在经济资源配置中起主要作用。上海在市场化方面取得的进展和优势对创新和转型升级以及稳定上海经济的发展弥足珍贵。分不同方面来看，要素市场的各个方面发育、市场运行的环境，增强知识产权保护，提高技术人员、管理人员和熟练工人的人力资源供应，依然是上海市场化的短板，需要在这些方面继续大力推进市场化。在政府与市场关系和产品市场发育方面，上海还需要扭转市场化停滞或下滑的趋势，确立市场对资源配置的决定性作用。

也就是说，上海市在市场的基础性作用、非国有经济的发展、产品市场发育、要素市场发育以及市场中介组织培育等方面需进一步深化市场化的程度。补齐上海在这些方面的短板，将会促使上海形成创新驱动的发展动能，促进全要素生产率的提升，实现上海经济发展的转型升级，更有力地推进改革和发展。

（二）进一步激发市场微观主体的活力

企业对价格信号的灵敏反应、转型升级才能激发活力，促进形成创新驱动的发展动能。经济发展规律和国际经验表明，经济增长方式由要素积累型向生产率推动型转变，在经济发展条件不具备，以及要素市场信号没有形成的情况下，企业的技术进步不能自发产生。

只有企业微观治理结构是健康的、有效的，价格信号的变化，才有可能成为推动企业技术变迁的动力。国有企业改革的核心就是企业微观治理结构和市场机制的改革，激发企业的创新活力和市场竞争力。上海的国有企业改革已取得了显著的进展，2013年12月17日，上海率先发布首个地方国资国企改革方案，共20条，拉开了新一轮国企改革的序幕。上海将国企分为竞争类、功能类、公共服务类、混合型4种类别，综合考虑国有企业承担的政治、经济和社会责任，根据企业的产业特征、行业特点、股权结构和发展阶段，制定不同的责任、改革目标、考核以及激励措施，分类改革。到目前为止，上海市国资委监管的市属国有企业有48家。其中，光明集团、锦江集团、百联集团等32家市属国有企业集团被划定为竞争类企业，上海地产集团、上海临港集团等12家市属国有企业集团被划定为功能类企业,上海申能集团、上海申通集团、上海久事集团和上海城投集团4家市属国有企业集团被划定为公共服务类企业。

表3-3　　　　　　　　上海地方国有企业改革的框架

分类	主要目标	兼顾
竞争类	市场导向,追求企业效益最大化	社会效益
功能服务类	完成战略性任务或政府重大专项任务	经济效益
公共服务类	确保城市正常运行和稳定、实现社会效益	社会评价

国务院分类		上海分类	行业	改革方式
商业类	商业一类	竞争类	主业处于充分竞争行业和领域	稳妥推进
	商业二类	功能服务类	主业处于重要行业和关键领域	有效探索
公益类		公共服务类	提供公共产品和服务的行业和领域	规范开展

上海市根据企业的产业特征、行业特点、股权结构和发展阶段,制定不同的责任、改革目标、考核以及激励措施,实施国企分类改革的基本框架和模式(见表3-3)。其中,竞争类企业以公众公司为主要实现形式,积极推进整体上市或核心业务资产上市,稳妥发展混合所有制经济;功能类企业,运用市场机制,促进公共资源配置市场化;公共服务类企业进一步理顺与政府关系,探索"政府购买服务+特许经营"市场化运营模式,使公共服务效率不断提高。相对来说,国务院分类国有企业改革框架(见表3-3),公益类

国有企业以保障民生、服务社会、提供公共产品和服务为主要目标,同样要引入市场机制,控制成本和产品服务质量,提高公共服务效率和能力。因此,《中共中央国务院关于深化国有企业改革的指导意见》和《国务院关于国有企业发展混合所有制经济的意见》提出将国有企业分为两类:商业类国有企业与公益类国有企业,但在商业类国有企业中又分为商业一类国有企业与商业二类国有企业,商业二类国有企业实质上就是功能类国有企业。上海4种不同类别的国企,由于目标与改革路径不同,不同企业的考核方式也不同。竞争类企业重点考核股东价值、主业发展、持续能力。功能类企业,以完成战略任务或重大专项任务为主要目标,兼顾经济效益,努力成为城市功能区域投资开发、重大项目建设中富有效率的投资和运营公司。公共服务类企业,以确保城市正常运行和稳定、实现社会效益为主要目标,努力成为社会效益与经济效益有机统一的服务质量领先公司,不同的考核,不同的激励。上海按照"基本年薪+绩效年薪+任期激励收入"的薪酬结构,对不同类型企业确定不同的基薪调节倍数、绩效年薪调节系数。上海国企改革呈现一司一策的局面,并在职业经理人选拔、管理和技术团队股权激励以及深化全员持股等问题上进行探索。为激励创新,上海对处于充分竞争性领域的混合所有制企业，在专业性较强的岗位试点职业经理人制度；对实施混合所有制改革的科研院所，探索员工持股；对高新技术企业，实施限制性股票、股票期权等中长期激励。实行"激励基金+个人购股"计划，企业用于激励股权总额可达实收资本的10%。

在继续深入推进上海国企微观机制改革方面，首先，国有企业国有资本混合能支持上海建设具有全球影响力科技创新中心，在国有企业国有资本引领、联合社会资本，组成创投资本，加强高科技研发和产业投资能力。比如，张江高科引入战略投资者上海浦东科创投资集团，提升上市公司的高科技产业投资能力，摆脱对房地产销售租赁的依赖，推进高新区上市公司的转型，强化对创新创业的集成服务，通过加强投资能力、扶持众创空间发展，在资本市场上塑造了"科技地产+创新投资"的新形象。

其次，在上海市国有企业分类改革基础上，国有资产监管从重点"管人管事管资产"转向以"管资本"为主，重点是履行好国有资本出资人职责，对国有企业国有资本进行分类分层考核和监管，完善国有资产管理体制。国有企业国有资本化不仅是国有资产的资本化，还有国有企业中员工的人力资本化，表现为整体上市企业集团、符合条件的竞争类企业集团及下属企业，以及国有和国有控股的转制科研院所、高新技术企业实施股权激励和员工持股，分享国有资本混合化带来的红利，增强转制科研院所、高新技术企业科技创新的动力。

最后，对于国有企业要进入、留在还是退出充分竞争行业和领域，自改革开放以来一直争论不断。一种较为极端的观点认为，国有企业应当全部退出充分竞争行业和领域，理由是"不要与民争利"，即不要与民营企业争利。上海的国企改革实践表明国有企业可以通过混合所有制经济改革发展，与非公资本多元混合的市场主体共同参与充分竞争行业领域或重要、关键行业领域，从事主业经营和功能开发，维护市场经济诚信公平规范秩序。在市场化程度较高的竞争类国有企业，积极推行职业经理人制度，更好发挥企业家作用。对竞争类国有企业，重点考核经营业绩指标、国有资产保值增值和市场竞争能力。

在推进措施和政策支持上，国有资产应集中在战略性新兴产业、先进制造业与现代服务业、基础设施与民生保障等关键领域和优势产业；重点优化上海国企在不同行业的资本结构，依据市场规律规范上海国有资本运作，让现代金融更好地服务于实体经济。对国有资产运营平台依法授权，落实国有资产增值责任，加大国有资产配置力度，增强国有资产运营功能，提高国有资产运营效率，促进国有资产保值增值。完善国有资产管理机制，健全市场机制有效、宏观调控有度、微观主体有活力的激励约束机制，激发企业家精神、造就创新人才和团队，实现竞争公平有序、企业优胜劣汰的目标。维护国有资本安全，聚焦投资布局、产权流转、资源配置等环节，完善经营性国有资产全覆盖监管体系。

（三）增强创新的引领作用

科技与创新政策是公共政策的重要领域，世界经济增长由创新驱动的趋势越来越明显，推动创新发展离不开政府政策的支持，政府是创新能力增长的重要决定因素之一。2015年，中共上海市委十届八次全会通过了《关于加快建设具有全球影响力的科技创新中心的意见》，该意见提出，以科技创新为主驱动经济转型升级、增强城市核心竞争力是上海未来经济发展的新常态，其主要战略途径就是建设具有全球影响力的科技创新中心。在上海市一系列推动创新政策措施和定位下，上海利用本地经济活跃和市场的优势，创新方面具有一定的优势，但是创新绩效还有较大提升空间，需要找准制约上海创新的短板，合理地实施政府干预，提高创新表现。

表3-4　2015年东中西部典型省（市）产业知识基础存量及比值排名

省份	分解型产业知识基础	排名	合成型产业知识基础	排名	分解型/合成型（占比）	排名
广东	0.3226	1	0.1332	3	2.4230	1
山东	0.0742	3	0.1486	1	0.4996	9
上海	0.0531	4	0.0331	7	1.6045	2
北京	0.0316	7	0.0273	9	1.1608	4
天津	0.0259	9	0.0278	8	0.9324	6
浙江	0.0516	5	0.0894	4	0.5772	8
江苏	0.1795	2	0.1481	2	1.3336	3
湖北	0.0312	8	0.0507	5	0.6145	7
四川	0.0484	6	0.0474	6	1.0220	5

资料来源：根据2016年《中国统计年鉴》《中国工业统计年鉴》及分省统计年鉴，采用线性规划方法计算得出。[①]

从产业需求、技术创新和科学研究的逻辑关系来说，产业知识基础是科技创新中心的基础构成要素，它体现了一个城市作为科技创新中心的创新转化力和创新成长性，影响企业与产业的创新过程及本质。分解型产业知识基础在创新中主要应用显性知识，创新形式是专利；合成型产业知识基础在创新过程中依赖隐性知识，各方主体在态度、价值、标准规范等方面具有相似性，合成型产业知识基础主要是区域内创新。上海的合成型产业知识基础存量相对于其创新环境、

[①] 部分参考秦佳良、张玉忠《产业知识基础视角下上海科创中心建设研究》，《科技进步与对策》2008年第1期。

创新资源是不对称的，合成型产业基础知识并没有绝对优势，排名仅在第 7 位（见表 3-4），有必要进一步提升。上海的分解型产业知识基础很好地利用了创新资源、制度环境等方面的优势，对上海科技创新中心建设起到了很好的支撑作用。

从图 3-5 可以发现，2003—2015 年，上海的分解型产业知识基础存量和合成型产业知识基础存量都呈现上升趋势，但是两者比值围绕 0.62 上下波动，并没有出现明显的递增或递减趋势，说明一直以来上海分解型产业知识基础的发展强于合成型产业知识基础，这与表 3-4 横向对比的结果基本一致。[①] 因此，上海科技创新建设应该以突破性创新为主，保持分解型产业知识基础更快的增长趋势。

从国内横向对比来看，改革开放以来，上海市和深圳市分别作为中国经济增长中心和活跃地区的长江三角洲和珠江三角洲地区的核心城市，在国家创新驱动发展战略中发挥着重要作用。深圳是首个国家创新型城市试点和首个以城市为基本单元的国家自主创新示范区，分析上海和深圳城市科技创新活动差异，可以为上海的创新发展提供经验借鉴和有益的启示。

---

① 横向对比和纵向对比后得出，2015 年上海市分解型产业知识基础存量和合成型产业知识基础存量具有差异，这主要是由于熵值法计算中采用的研究对象（系统或主体）不同，得到的权重也不同，但是得到的数据是有效的。

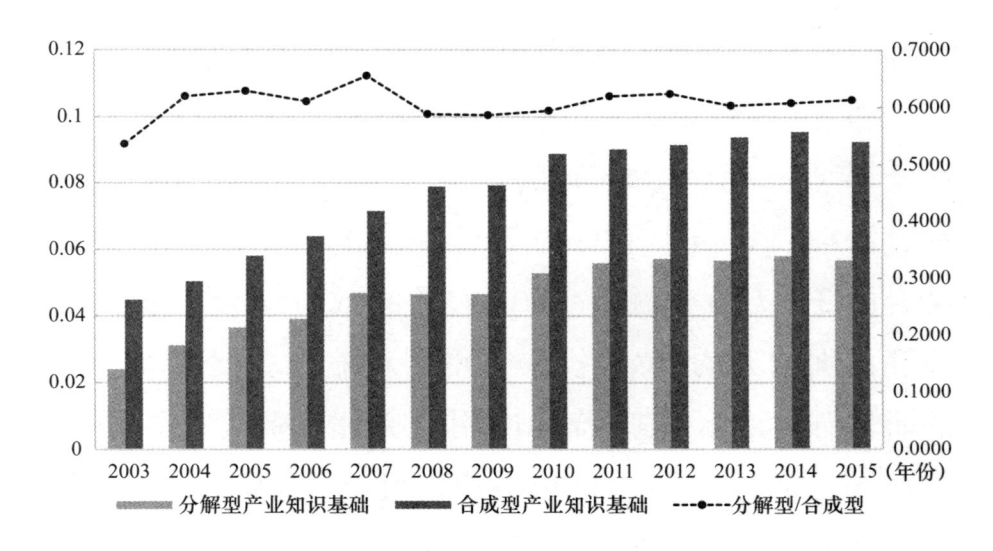

图 3-5 上海市产业知识基础及其增长变化

截至 2015 年，上海市常住人口为 2415 万人，深圳市常住人口为 1137.87 万人，总人口规模不到上海一半。2013 年，深圳市常住人口的平均年龄仅为 33 岁。从年龄结构看，深圳市 60 岁以上人口的比重仅为 1.40%，而上海市高达 15.10%。上海市严重的老龄化程度将可能成为制约创新活力的重要因素。外来人口数量在一定程度上能反映出包容性文化环境的状况。深圳市是改革开放后经济快速增长过程中一个典型的移民城市，其外来人口更多。2014 年，深圳市外来人口为 745.68 万人，占常住人口的比重达 69.18%；上海市外来人口比重仅为 40.69%，说明深圳市常住人口中非户籍人口所占比重明显高于上海市。由于外来人口占深圳市常住人口的绝大多数，其文化和经历的包容性将会催生各种创新观念与理念的涌现和发展。

图3-6和图3-7显示出深圳和上海创新活动的两个特点。第一，上海的研发（R&D）投入高于深圳，深圳仅相当于上海的70%左右的水平。但如果再结合图3-7两个城市R&D人员的数量综合来看，上海和深圳的人均R&D投入差距相对缩小。但深圳企业的研发强度大，意味着其应用研究比例高，表明研发的市场导向性更强、科技成果转化率更高。从这点上来说，上海的创新投入应更多投向企业，研发机构面向企业建立，尤其是非国有企业。这也是上海的整体创新上需要补齐的短板之一。第二，科技活动的人力资源投入是衡量科技创新投入的重要指标，人力资源是创新活动的实现主体，人力资源的规模和素质是

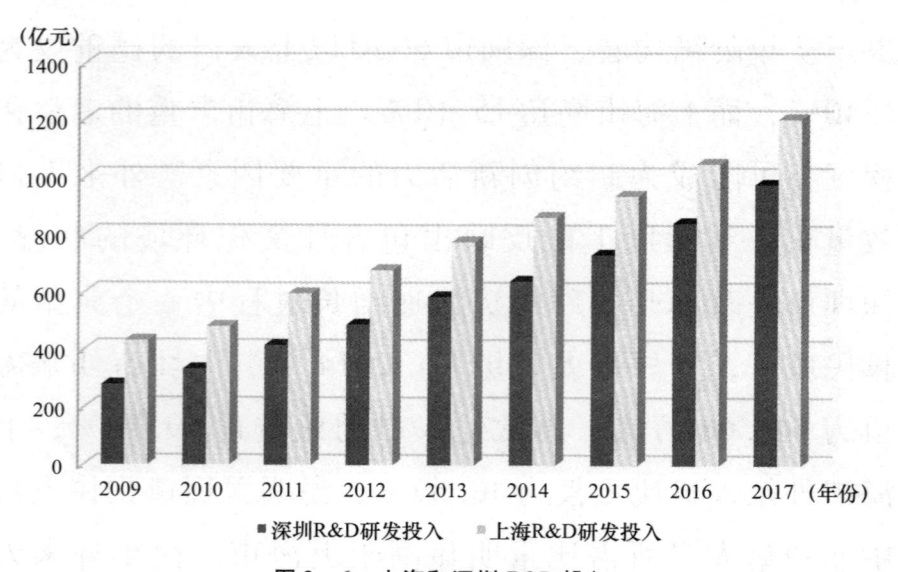

图3-6 上海和深圳R&D投入

资料来源：根据历年《上海统计年鉴》和《深圳统计年鉴》计算得出。

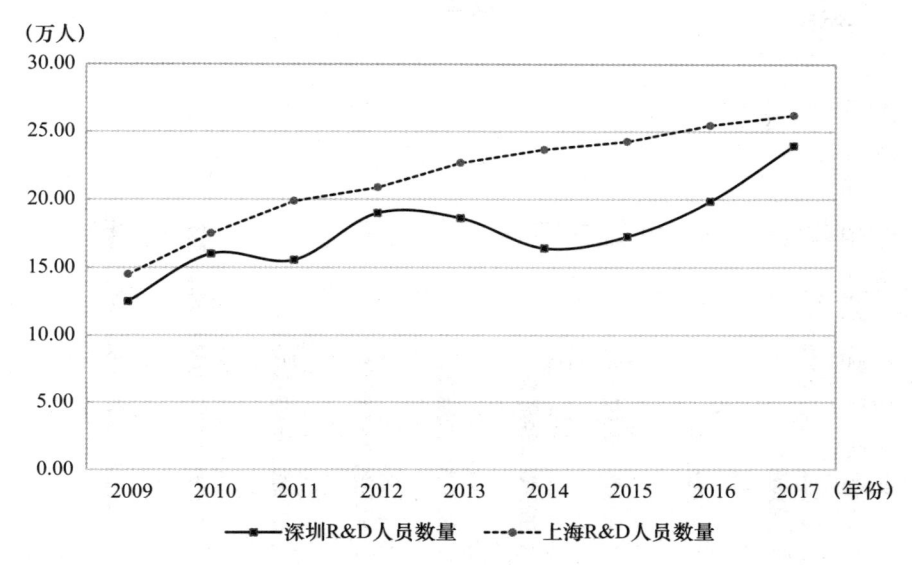

图 3-7　上海和深圳 R&D 人员数量

资料来源：根据历年《上海统计年鉴》和《深圳统计年鉴》计算得出。

影响创新产出数量与质量的重要因素。从图 3-7 可以看出，上海市历年的 R&D 人员数量明显多于深圳，深圳近年来加大科技人才引进，2017 年数据显示，R&D 人员数量明显上升。此外，从数据资料观察到 2009 年至今，上海和深圳的研发投入差距相对稳定，未来研发投入的主要竞争集中在研发人才的规模和质量上。

创新产出的数量和质量是衡量区域科技创新能力的重要指标，尤其是发明专利授权量在一定程度上能够衡量一个城市或区域的科技创新产出水平。从图 3-8 和图 3-9 上海、深圳两城市申请专利数量和发明专利数量的数据可以看出，上海的专利申请一直领先于深圳，但近年来，尤其是 2014 年之后，深圳的创新

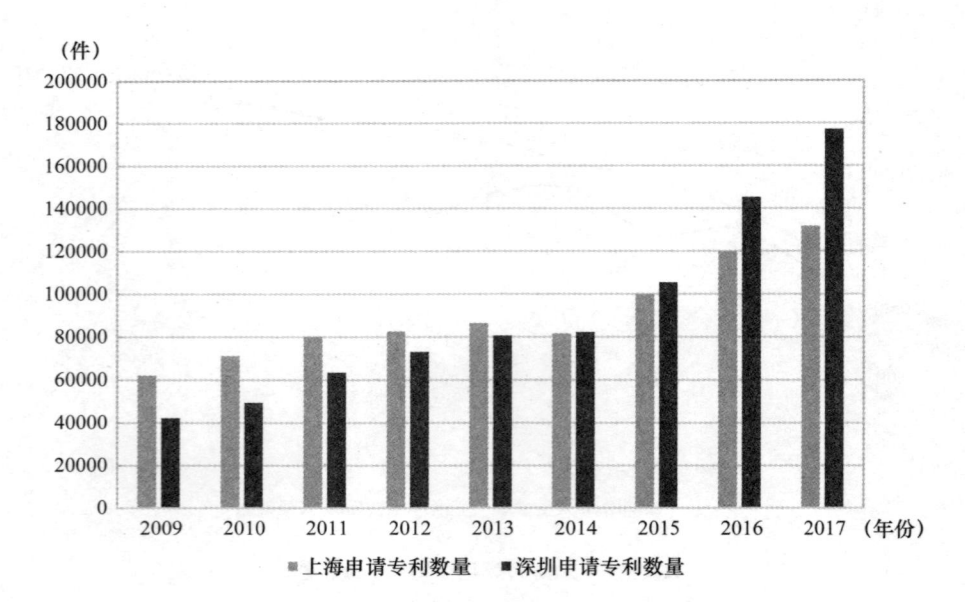

图 3-8　上海和深圳申请专利数量

资料来源：根据历年《上海统计年鉴》和《深圳统计年鉴》计算得出。

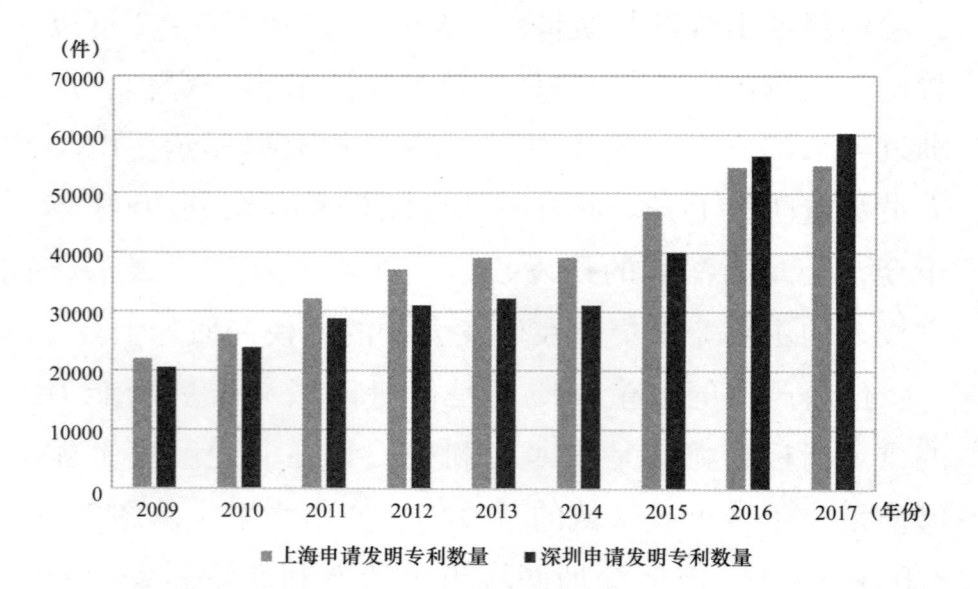

图 3-9　上海和深圳申请发明专利数量

资料来源：根据历年《上海统计年鉴》和《深圳统计年鉴》计算得出。

产出已经超越上海,并保持领先地位。另外,从企业国际专利(PCT)申请量排名看,上海市也少于深圳市。2014年,企业国际专利申请量排名前十强中,深圳市的企业独占5个,分别为华为、中兴、华星光电、腾讯和华为终端,上海则为零。因此,如何培育有创新能力和科技创新的企业,也是上海科技创新的重点问题。

进一步通过科研活动中的人力投入、经费投入、成果产出、经济效益等来看上海市企业研发绩效指标发展情况(见表3-5),各指标均呈增长趋势,但上海市企业在研发人员人均研发投入、劳动生产率等指标上与世界一流企业相比仍有较大差距。特别是研发投入与产出之间相关性较低,尚未形成研发投入促进经济效益发展的稳定关系,科研投入与产出结构间存在脱节,科研投入效率有待加强。

表3-5　　两次经济普查上海市企业研发绩效发展状况(2008—2013年)

研发指标	单位	2008	2009	2010	2011	2012	2013
研发人员占从业人员比重	%	5.8	8.1	8.7	10.0	11.1	13.4
研发人员人均研发经费	万元	43.38	31.23	35.12	36.41	35.01	34.85
研发人员人均拥有发明专利数量	件/100人	6	12	11	11	8	14
劳动生产率	万元/人	149.63	150.96	178.94	188.42	180.66	194.27

续表

研发指标	单位	2008	2009	2010	2011	2012	2013
研发经费占科技经费的比例	%	57.7	65.8	69.2	66.9	70.5	76.6
新产品研发产值率	%	18.84	21.41	22.07	21.44	18.76	18.65
发明专利占专利申请数量的比重	%	30.2	44.2	44.5	42.9	42.0	44.0
研发经费投入强度	%	1.6	1.7	1.5	1.8	1.9	2.2
创新成果实现营业收入占比	%	31.7	39.7	38.0	41.7	40.8	40.3
利税率	%	6.3	10.1	12.9	11.7	11.6	18.3

资料来源：根据2008年第二次经济普查和2013年第三次经济普查数据计算得出。

总体上，上海市的科技创新主要依托政府强有力的政策支持和大规模的投资建设，注重国有企业的发展以及吸引外商研发投资，通过政府的政策支持、资金投入来驱动创新，属于典型的政府推动型创新模式。以企业为创新主体、较高的市场化水平、包容性的文化环境、以民营企业为主体的企业性质是深圳市具有较高科技创新产出的关键影响因子。以企业为创新主体，意味着研发的市场导向性更强；再利用较高的市场化水平，促进以民营企业为主的创新主体可以充分发挥市场资源配置的作用。上海的科技创新中政府推动的因素更强，注重国有企业发展及吸引外商投资研发，通过政府的政策支持、资金投入来驱动创新，属于典型的政府推动型创新。深圳更加注重营造城市创新的"软环境"与"硬环境",让市场充分发挥资源配置的基础性作用,将创新的选择权、主导权交给市场,激发市场微观主体的创新动力,政府发挥引导与服务功能,促进区域创新能力不断提升。

由此,上海的创新首先需要有效配置和优化利用全球创新资源、人才和智力,形成以企业为主体的"产学研用"相结合的技术创新体系,重视共性或者通用性技术和基础性技术研发,继续发挥张江高科等平台的引领作用,形成科技创新共性技术开发、科技创新成果产业化转化平台。上海应进一步开放创新活动的资源给民营企业、个人科技创业等机构,提高社会整体的创新能力,从技术开发、创业主体、知识创造等方面提升上海综合型产业知识基础的全国优势。充分发挥分解型产业基础知识中的产学研优势,加强政、产、学、研、企业协同创新,大力开发突破性创新。通过对分解型产业知识基础和合成型产业知识基础"双管齐下",形成上海科技创新中心建设的内在动力。

其次,上海市在政府推动创新过程中必须合理地运用政府创新政策工具,如财政工具(研发补贴、研发合同、税收优惠、公共采购)和非财政工具(科技基础设施、专业服务、管制等),以降低创新成本,即科技成果的生产成本（人员的工资、原材料等）、制度成本与交易成本。促使改善上海的创新环境，促进形成全球性的科创中心。

最后，上海市在启动科技计划、建设科创中心的同时，需要特别关注政府创新政策干预方式的局限性，由于政府的创新政策会主动挑选一些领域和企业予以重点支持，这会导致上海市企业的创新绩效并不均衡，与政府关系密切的国有企业可能会占据上海本地创新体系的主导地位，其他民营企业创新表现则相对较弱。太多的政府干预可能导致资源分配的扭曲和不公平，长期来看不利于创新绩效。如何让更多的非国有企业成为创新的主要引导者是上海当前创新政策干预的主要挑战和政策调整的重点。深圳在吸引外资和支持国有企业创新上同样不遗余力，但是私营企业在创新上却更为出色。

四 构建和谐稳定的劳动关系

——从劳动力市场制度建设进行的讨论

近年来,中国在劳动力市场制度建设上取得了长足的进步,不仅体现为与劳动相关的法律、法规体系逐步走向完善,也体现在劳动力市场制度与社会经济生活的联系日益紧密。同时,伴随着社会经济发展,对劳动力市场制度的需求也与以往有着很大的不同。一方面,劳动力市场形势的转变,使得劳动者的诉求日益增加,客观上形成了加强劳动力市场规制的环境;另一方面,中等收入阶段的经济发展也面临着越来越多的约束,一旦劳动力市场制度设计不当,有可能形成对经济发展的制约。因此,借鉴国际经验,总结目前劳动力市场制度与政策的得失,就显得非常紧迫而重要。

国际经验表明,与发展中国家相比,发达经济体在劳动力市场制度建设上居于领先地位。上海作为全国经济发展的领头羊,在劳动力市场制度建设上也大有可为。通过不断完善劳动力市场制度来构建和谐的劳动关系,不仅有利于上海的经济发展和社会稳定,也能为其他省区提供借鉴和经验。本章由四个部分构成:第一部分将讨论上海进行劳动力市场制度建设的重要性;第二部分将介绍中国的劳动力市场制度框架,并重点介绍上海在这个制度框架下的具体做法;第三部分将分析上海劳动力市场制度的实施效果;第四部分将针对上海如何更好地建设劳动力市场制度,提出一些政策建议。

(一) 上海进行劳动力市场制度建设的重要性

对劳动力市场制度与政策的讨论从来就十分丰富且充满争议。这与劳动力市场的属性有关,即劳动力市场的性质和运行方式,不仅有别于产品市场,也和其他生产要素市场有着很大的不同。造成这种差别的根本原因是,劳动者既作为生产要素的供给者,也作为劳动力市场规则的参与者影响着劳动力市场制度的形成与改变。正因为如此,放眼世界上其他市场经济国家,我们不难发现,对于什么是最优的产品市场乃至资本市场制度,在很大程度上已经达成共识。然而，对于什么是最优的劳动力市场制度，却一直莫衷一是。

实际上，中国劳动力市场制度与政策的演进，与社会经济发展的现实是息息相关的。伴随着经济的高速增长，劳动力市场形势也发生了根本性的变化。不仅体现在经济增长创造大量就业机会，并使得就业总量达到很高的水平，也体现于就业结构发生的根本性变化。一个显著的事实是，中国经济和劳动力市场结构已经明显不同于低收入阶段的发展模式，随着就业主体转向非农部门，经济和劳动力市场的二元结构特征正逐渐消失。与此相对应的是，就业决定开始由二元经济时代"刘易斯机制"发挥主导作用，转向"新古典机制"扮演更重要的角色。

在劳动无限供给的二元经济时代，劳动力市场上就业决定的刘易斯机制的一个突出特点就是，劳动边际生产率并不能成为就业决定的基本因素，取而代之的是生存工资水平。由于大量农业剩余劳动力的存在所导致的供求关系不平衡，劳动力需求方在就业和工资决定中占据主导地位。在这种情况下，放松劳动力市场的管制，最大限度地创造就业机会，几乎成为劳动力市场政策的唯一目标。

然而，随着经济发展逐步跨越刘易斯转折点，新古典机制开始在就业决定和工资形成中发挥作用。劳动力短缺的出现，意味着劳动者在劳动力市场上的谈判地位逐步增强。伴随着劳动条件的改善和工资水平的提升，劳动者对于劳动回报的预期也逐渐提高，并使得劳动争议明显增加。相应地，劳动力市场出现的新变化对劳动力市场规制的需求逐渐增加。劳动力市场制度选择的内容和取向，与劳动力市场结果的关系也越来越紧密。

在新古典机制越来越成为劳动力市场上就业决定和工资形成的主要模式以后，其他国家的劳动力市场规制方式对于中国的借鉴价值也越来越大。劳动力市场制度大多起源于发达国家，这些国家也是市场机制相对健全的国家。由于经济发展阶段的领先，以及资源配置的市场化取向，新古典机制在就业决定和工资形成中的作用都非常明显。也正因为如此，当前中国劳动力市场出现的转折，使得我们对国际经验的总结和吸收变得更加重要。

针对发达国家劳动力市场规制与劳动力市场绩效以及长期经济增长的关系的研究，所给出的结论大致相同，即过度严格规制的劳动力市场，往往会损害劳动力市场运行的效率，并给长期经济增长带来负面的影响。基于这些研究结果，OECD（2004）曾呼吁很多劳动力市场规制严格的发达国家增强劳动力市场的灵活性，以降低长期失业率，形成对经济发展有积极贡献的劳动力市场制度。不过，正如 Blanchard 和 Wolfers（2000）所指出的，"尽管劳动力市场制度的差异能部分解释目前各个国家的失业率差异，但它们不能解释随着时间变化失业率的变动"。不过，由于劳动力市场制度对劳动力市场绩效的影响是长期的，使得 Blanchard 和 Wolfers 的争辩似乎显得牵强。因为，其主要的理由是："对于很多（发达）国家而言，在其失业率尚且很低的时期，目前的制度业已存在。"

中国正处于快速工业化和城市化进程中，就业结构和就业方式都在发生着迅速的转变，尤其是最近十年来，劳动力市场制度建设更是突飞猛进。在这种背景下，在更大的范围内了解劳动力市场制度与政策存在哪些模式可供选择，不同模式与劳动力市场绩效和经济发展之间的关系，不同的经济发展阶段劳动力市场制度模式选择有什么特点，对于中国现阶段的发展无疑有着重要的意义。

从另一个方面看，中国新近推出的劳动力市场制度，大多是在经济快速发展的背景下完成的。由于快速的经济发展，尤其是劳动密集型行业的快速增长，必然会产生旺盛的劳动力需求。在这种背景下，劳动力市场制度对于劳动力需求的影响往往难以显现。随着劳动力市场形态的转变，特别是二元经济模式下劳动力无限供给的终结，劳动力市场的变化面临着越来越多的不确定性，劳动力要素积累和再配置对经济增长贡献的份额将越来越小，并直接导致中国经济潜在增长率的下降。而中国经济从总体上看，尚处于中等收入阶段，一旦经济增长难以在较长时期内维持比较高的发展速度，劳动力市场上较为严格的规制水平对劳动力需求的负面影响就有可能显现。对于很多陷入"中等收入陷阱"的国家的观察表明，劳动力市场运行效率的下降，恰恰经常与整个经济的停滞不前有着紧密的联系。因此，对劳动力市场制度的完善，在这一特定的经济发展阶段显得尤其重要。

纵观世界各个经济体，几乎每个国家都有着与其他国家不同的劳动力市场规制。劳动力市场制度的差异性，并不意味着劳动力市场制度建设可以随意为之，也不意味着对不同的劳动力市场制度进行总结没有价值。正是由于差异性的存在，我们可以观察不同制度的得失，也可以观察随着社会经济的发展，好的制度的演变轨迹。

上海市作为全国经济发展的领头羊，产业结构升级和调整也领先于其他省份。顺应劳动力市场变迁和就业结构的变化，劳动力市场制度也需要进行及时调整，才能使得劳动力市场制度发挥其正面的和积极的作用。在劳动力市场制度建设方面，借鉴国际经验，结合上海劳动力市场的具体状况，上海应该大有可为。

不断完善劳动力市场制度，构建和谐的劳动关系，不仅有利于上海的经济发展和社会稳定，也能为其他省市提供借鉴和经验。

（二）中国的劳动力市场制度框架和上海做法

劳动力市场是以供求关系为基础的配置劳动力资源的基本方式。在这一基本机制的作用下，劳动力市场形成了两个主要结果：就业水平和工资水平。然而，由于劳动力市场的特殊性，即可以租让劳动，但不能买卖劳动力自身，任何一个国家的劳动力市场都不会仅仅依靠供求关系来简单地实现劳动力资源的配置。同时，在雇佣劳动的交易中，由于涉及的对象是"人"，所以，一些非货币因素显得更加重要，例如，工作环境、工伤风险、歧视、工作时间的灵活性、管理者的性格等。而几乎每个领域，都会引发出相关的制度设计，使得劳动力市场制度变得纷繁复杂。

因此，如果狭义地理解劳动力市场制度，往往仅指与劳动相关的法律。但广义地看，凡是影响劳动力市场最主要的运行结果——就业决定和工资形成的法律、制度和政策工具，都可以视为对劳动力市场规制的措施，而纳入劳动力市场制度的范畴。

1. 劳动力市场制度的主要构成

尽管劳动力市场制度千差万别,但是针对劳动力市场结果的调控与干预,其主要构成包括与劳动相关的法律和制度(laws and institutions)以及"劳动力市场政策"。根据法律和制度所涉及的内容不同,大致可以分为以下五类。

(1) 规范就业关系的制度

与就业相关的法律(employment law)是劳动力市场制度的基石,如中国的《劳动合同法》。尽管此类法律或制度,在不同国家可能以不同的名称或形式出现,但其主要的功能是规范个人的就业关系,主要包括个人劳动合同的形成、规定最短的合同期限、终止合同关系的条件等内容。沿用 Botero 等(2004)的分类,与就业相关的法律一般包含以下三个领域。

其一,是对合同类型的规定,即对常规合同、兼职合同、固定期限合同以及家庭帮工等合同类型的规定和约束。很显然,相对于无固定期限的常规合同而言,其他合同类型一般所能提供的福利更少,终止合同的约束也更小。是否允许其他的合同类型以及对合同的具体条件的规定,在不同的经济体之间有着很大的差异,并由此形成了对劳动力市场上就业关系规制的差异。

其二，对合同条件的规定，主要包括以下内容：规定劳动时间，如强制的日常休息、一周最长工作小时、加班工资、对夜班后周末工作的限制等；不工作的带薪天数，如带薪年假天数、假期、产假等。

其三，对岗位安全的规定，即对岗位的法律保护。包括解雇的理由、解雇的程序、通知期限、离职赔偿等内容。

（2）规范产业关系的法律

此类法律以集体的形式保护工人及其工作岗位和福利，平衡工会和其他形式的工人组织与雇主及其相关组织之间的关系。这类法律通常涉及以下三个方面的内容：集体谈判、工人参与企业管理以及集体争议（如罢工和停业）。

尽管各国对集体谈判的具体规定存在较大的差异，但这类法律都旨在规范集体谈判的方式。有的国家要求雇主与工人组织（如工会或工人理事会）谈判，有的则允许雇主拒绝与工人组织谈判；有关集体谈判的第二类法规是集体谈判所形成的协议是否可以以国家或行业政策的形式延伸至第三方。允许延伸范围的大小，反映了不同国家对劳动力市场规制严格程度的取向。

对工人参与企业管理，有的国家的法律做出了规定，有的则没有明确规定。有的国家规定，在董事会中必须任命代表工人的席位，有的则以工人理事会的形式让员工参与企业的管理。如何应对和处理群体性的劳动争议，也是此类法律所涵盖的重要内容。所涉及的领域主要包括界定合法罢工、对罢工的程序限制、强制仲裁等。

（3）社会保障法

社会保障法是现代社会的重要制度，也是劳动力市场制度的重要组成部分。各国的社会保障法律大都着重强调养老、医疗和失业保险等领域。社会保障制度设计的差异性主要体现于覆盖人群的范围、支付和享受保障的关系等。

上述三个方面是从法律框架的角度，描述了劳动力市场制度的构成。由于法律框架在一定程度上具有稳定性，因此，这三类与劳动相关的法律构成了劳动力市场制度的基石。换言之，我们也可以将狭义的劳动力市场制度理解为上述三个基本方面。当然，如果以"是否对主要劳动力市场结果在不同环节形成干预"作为界定劳动力市场制度的标准，那么，一些政策措施，虽然可能具有短期性和临时性，也发挥了劳动力市场制度的作用。

（4）积极的劳动力市场政策

积极的劳动力市场政策最早源于西方发达国家。1973年之后，在失业率不断升高的情况下，OECD国家开始实行一些以增加就业和扩大再就业为主要内容的政策，这些政策后来被冠以"积极的劳动力市场政策"之名（Dar & Tzannatos，1999）。

积极的劳动力市场政策，尤其是针对结构性失业和长期失业的政策，其目标是应对因经济结构调整所出现的高失业率问题。随着积极的劳动力市场政策的逐步完善，其瞄准的群体也更加明确，比如青年失业群体以及劳动力市场上一些明显处于弱势的群体。

从政策内容覆盖的范围来看，积极的劳动力市场政策主要是改善失业者的再就业能力和提高劳动力市场的效率。近年来，中国实施的积极的就业政策包括的范围则要广泛得多。除了包括西方国家积极劳动力市场政策所包含的内容外，还包括很多旨在促进就业的宏观经济政策，甚至还包括社会保障政策，而后者在西方国家中则更多地被归入"消极的劳动力市场政策"范畴。

从政策的影响途径来看，积极的劳动力市场政策主要是通过影响个人的劳动供给行为以及寻求在工作者和空缺职位之间更有效的配合来发挥作用，很少从劳动需求的角度考虑问题，在政策中至多是通过工资补贴的办法提高企业对就业的需求能力。

（5）其他影响劳动力市场结果的政策

除了影响积极的劳动力市场政策以外，还有一些政策虽然不是直接针对劳动力市场上的群体，也不是对劳动力市场结果的直接干预，但在客观上会对劳动力市场结果如就业和工资水平产生间接的影响。例如，与劳动相关的税收政策，可能影响劳动参与等。

2. 中国的劳动力市场制度框架

中国自从改革开放以来，劳动力市场制度经历了较为剧烈的调整和改革。1994年颁布实施的《劳动法》是劳动力市场制度建设中具有里程碑意义的一部法律，标志着在就业决定和工资形成这两个环节正式引入了劳动力市场机制。自20世纪90年代末，一系列劳动力市场规制的措施相继出台，并逐步形成了中国劳动力市场制度的基本框架。

总体上看，中国的劳动力市场制度由法律制度和劳动力市场政策两个支柱组成。前者包括在最近十余年相继颁布的与劳动相关的法律、法规；后者则主要是积极的就业政策和其他一些影响劳动力市场结果的政策。从对劳动力市场干预的手段看，根据劳动力市场制度安排的方式不同，司法手段、行政手段和经济手段交替使用，以不同的方式对市场机制的作用产生影响。在劳动力市场制度框架中，以下几个法律、法规发挥着越来越重要的作用。

（1）《劳动合同法》

《劳动合同法》于2008年1月开始颁布实施，该合同法对劳动者的权益提供了广泛的保护。与1994年

《劳动法》相比较,《劳动合同法》在以下两个方面提出了新的规制,即雇主为工人提供合同的性质以及解雇工人的条件。根据《劳动合同法》的规定,在两个固定期限合同或10年的就业关系后,雇主必须提供无固定期限合同。试用期被限定在1—6个月,对劳务派遣行为也做出了相关的规定,而且在2012年又做出更为严格的修订。从总体上看,《劳动合同法》具有明确的就业保护倾向。

(2)《劳动争议调解仲裁法》

《劳动争议调解仲裁法》同样于2008年1月颁布实施,旨在配合《劳动合同法》执行,改善劳动争议的解决机制。该仲裁法规定了劳动争议调解、仲裁、受理、听证等程序和方式。而其突出的特征是降低了劳动者运用司法手段解决劳动争议的难度,从而具有突出的保护劳动者的倾向。

(3)《最低工资条例》

2004年劳动和社会保障部颁布实施了《最低工资条例》。该条例规定了最低工资制度实施的条件、定义、最低工资标准形成和调整的原则等。但与其他很多国家的最低工资制度不同,该条例并没有规定全国统一的最低工资标准,而将确定最低工资标准的权力赋予地方。伴随着劳动力市场形势的变化,《最低工资条例》越来越成为政府干预市场工资率的一个重要手段，一个突出的特征就是近年来各地纷纷快速地提高最低工资标准。

（4）《就业促进法》

《就业促进法》也于2008年1月开始颁布实施，并成为中国政府实施积极的就业政策的法律依据。《就业促进法》明确了各级政府在就业创造、就业服务、职业教育和培训、就业援助、就业监察和监管等方面的责任。同时也明确了反对任何形式的就业歧视、倡导不同群体就业平等的司法取向。

3. 近年来上海的劳动力市场制度建设

（1）《劳动合同法》

2008年1月，国家颁布实施《劳动合同法》，对劳动者的权益提供了广泛的保护，《劳动合同法》具有明确的就业保护倾向。上海自2008年1月1日起实施《上海市集体合同条例》，该条例规范了签订和履行集体合同的行为，规范了集体协商机制，包括协商代表和首席代表的产生、工会作用机制、协商代表的职责和义务、集体协商的事项和内容、对集体协商结果的履行和监督。

（2）《劳动争议调解仲裁法》

2016年上海市出台《关于进一步加强本市劳动争议调解仲裁工作，推进劳动争议多元化解工作的意见》

（沪人社仲〔2016〕184号），强调进一步加强多元化的专业性劳动争议调解工作，本着"预防为主、基层为主、调解为主"的工作方针，充分发挥协调劳动关系三方机制作用，加强专业性劳动争议调解组织建设，形成以街道（乡镇）基层调解组织为主，企业、行业等调解组织为辅，相关社会力量共同参与的多元化劳动争议调解组织体系，通过柔性方式最大限度地将劳动争议化解在基层，形成多层级、多元化的劳动争议调解格局。该意见指出，要通过规范聘任工作、加大培训力度和推动专业发展三个途径，进一步加强劳动争议调解仲裁队伍建设，此外，要提升信息化建设水平、加大宣传工作力度，来进一步加强调解仲裁信息和宣传工作。

（3）《最低工资条例》

近几年，上海市连续调整和提高最低工资标准。2017年3月出台《上海市人力资源和社会保障局关于调整本市最低工资标准的通知》（沪人社规〔2017〕12号），在2016年调整的基础上，进一步调整上海市的最低工资标准，提高月最低工资标准和小时最低工资标准。据该规定，2017年上海市月最低工资标准从2190元调整为2300元（2016年的调整标准为从2020元提高到2190元）、小时最低工资标准从19元调整为20元（2016年的调整标准为从18元提高到19元），其中，月最低工资标准适用于全日制就业劳动者，小时最低工资标准适用于非全日制就业劳动者。该规定明确说明，延长法定工作时间的工资，中夜班津贴、夏季高温津贴及特殊工作环境下的岗位津贴，伙食补贴、上下班交通费补贴、住房补贴，以及个人依法缴纳的社会保险费和住房公积金四项不作为月最低工资的组成部分，由用人单位另行支付。同样地，小时最低工资不包括个人和单位依法缴纳的社会保险费。

（4）《就业促进法》

2005年12月，上海市政府出台《上海市促进就业若干规定》，提出在增加就业岗位和就业途径、扩大就业规模、控制失业率、发展灵活多样的就业形式、保障劳动者的合法权益、健全鼓励创业带动就业政策、实施创新创业培训模式、加大补贴培训力度、加强创业服务平台建设、完善创业服务体系等方面开展工作，促进上海市就业。

2008年1月，国家颁布实施《就业促进法》，成为中国政府实施积极的就业政策的法律依据。近年来，上海市深入推进就业优先战略和落实积极就业政策，在扩大就业规模、提高就业质量、促进民生改善和社会和谐稳定等方面取得了明显成效。上海在率先实现经济转型升级、实现高质量发展的过程中，面临着一系列就业结构性矛盾，需要进一步加强就业创业工作。

2015年，上海市颁布实施《上海市人民政府关于进一步做好新形势下本市就业创业工作的意见》（沪府发〔2015〕36号），提出深入实施就业优先战略、全力推进创业带动就业、加强职业教育和职业培训、统筹推进高校毕业生等重点群体就业、加强就业创业服务、强化组织领导。该意见强调，坚持扩大就业发展战略、发展吸纳就业能力强的产业、发挥小微企业吸纳就业的主渠道作用、积极预防和有效调控失业风险。在创业方面，营造宽松便捷的准入环境、培育创业创新公共平台、拓宽投融资渠道、加大金融服务和税费改革、加大对初创期创业支持、加大人才引进、调动科研人员积极性。该意见指出，在加强就业创业服务中，要加强人力资源市场建设、强化公共就业创业服务和信息化建设。此外，要坚持正确舆论宣传导向，引导各类劳动者树立正确的择业观、就业观和创业观。

（5）积极的劳动力市场政策

上海经济在率先实现转型升级的过程中，在劳动力市场面临两大突出矛盾。一方面，与全国其他大城市一样，人口结构的变化造成劳动供给趋紧和劳动力成本的提高；另一方面，资本全球化、经济结构变迁和技术进步导致工作任务和劳动力市场的技能需求发生变化，产生一系列就业结构性矛盾，劳动力资源配置效率亟须提升。鉴于此，上海市出台和实施了一系列积极的劳动力市场政策，以促进就业和解决就业结构性矛盾。除上述讨论的促进就业、鼓励创业带动就业，上海市还实施一系列积极的劳动力市场政策，集中在以下几个领域：加强职业技能培训、实施中长期人才发展规划和人才新政、重视青年和大学生就业创业、托底安置——关注特殊群体就业。通过法律手段、行政方式和公共财政投入等多种方式进行干预，并通过完善积分落户制度和居住证制度等配套措施促进就业和人才引进。这一系列举措对于提升劳动者人力资本、优化劳动力资源配置、扩大劳动供给、缓解就业结构性矛盾和促使发展更多地惠及不同群体具有重要意义。

I. 加强职业技能培训

加强劳动者技能培训对于提高劳动者人力资本具有重要意义。2015 年出台的《上海市人民政府关于进一步做好新形势下本市就业创业工作的意见》（沪府发〔2015〕36 号）提出要加强职业教育和职业培训，着重发展现代职业教育、加大创业培训工作力度、加强就业技能培训、加强岗位技能提升培训、强化职业培训基础能力建设。2016 年上海市人力资源和社会保障局出台《上海市社会化职业技能培训补贴管理办法》（沪人社职发〔2016〕55 号），提出坚持以产业发展方向和人力资源市场需求为导向，以实现更高质量就业和服务经济社会发展为目的，以社会各类优质教育培训资源为载体，实行培训经费直接补贴到劳动者个人的方式，鼓励劳动者积极参加培训，提升技能素质和就业能力。该办法指出，纳入培训补贴范围的项目应当是有利于提高劳动者适应经济社会发展的职业技能素质，有利于促进就业和高技能人才培养的技能类培训项目。

II. 中长期人才发展规划和人才新政

在率先实现经济转型升级的过程中，创新和人才工作是重中之重。近年来，上海市按照《上海市中长期人才发展规划纲要》（2010—2020年）开展人才工作，按照人才优先、优化环境、以用为本、服务发展等指导方针，实施人才强市战略，提升人才国际竞争力，以开发高层次创新创业人才和经济社会发展重点领域人才为重点，优化人才发展环境，通过推进人才队伍整体开发和加快国际人才高地建设，为上海率先实现转型升级和实现创新驱动的转型发展提供了强有力的人才保证和智力支撑。

2016年，上海市政府出台《关于进一步深化人才发展体制机制改革加快推进具有全球影响力的科技创新中心建设的实施意见》（沪委发〔2016〕19号），提出坚持党管人才、注重制度创新、突出市场导向、扩大人才开放和推进简政放权的原则，进一步深化人才工作的开展和改革。该意见提出，实施更具竞争力的人才集聚制度；实施更积极、更开放、更有效的海外人才引进政策；充分发挥户籍政策在国内人才引进集聚中的激励和导向作用，完善居住证积分、居住证转办户籍、直接落户的人才引进政策；强化市场发现、市场认可、市场评价的引才机制；健全人才引进的便利化服务机制；扩大人才国际交流与合作；推进用人制度改革，保障和落实用人主体自主权；完善创新型科技人才培养模式；促进创新创业人才双向流动；促进人才向重点发展区域和基层一线流动。此外，上海市还出台《关于外籍高校毕业生来沪工作办理工作许可有关事项的通知》（沪人社规〔2017〕25号）和《上海市浦江人才计划管理办法》（沪人社外发〔2015〕50号）等一系列人才引进和管理政策。

III. 重视青年和大学生就业创业

《上海市人民政府关于进一步做好新形势下本市就业创业工作的意见》（沪府发〔2015〕36号）提出，统筹推进重点群体和特殊群体就业，对高校毕业生、就业困难人员、农村迁移劳动力、退役军人、长期失业青年等特殊群体提供全方位公共就业服务、实现多渠道就业、提供就业援助。2017年，上海市出台《关于进一步做好本市青年就业创业见习工作的通知》（沪人社规〔2017〕22号），旨在缓解人力资源市场结构性矛盾，着力提升青年就业创业能力、做好青年就业创业见习工作，组织青年到政府确定的见习基地的特定岗位进行实践锻炼，见习期限一般为1—6个月。通过对见习学员、见习带教老师、见习留用基地或单位提供补贴，做好青年就业创业工作。2017年发布的《关于设立青年（大学生）职业训练营有关事项的通知》（沪人社规〔2017〕23号）实施职业训练营，为青年（大学生）搭建融合课堂教育、求职辅导、岗位模拟、职场体验和专项就业服务等各类功能为一体的服务，致力于搭建提升青年（大学生）职业技能硬实力和求职技巧软实力的综合性公共就业服务平台。2016年上海市政府实施《关于进一步做好本市高校毕业生求职创业补贴发放工作的通知》（沪人社就〔2016〕91号），为符合条件的高校毕业生提供一次性求职创业补贴。

IV. 托底安置——关注特殊群体就业

本着"托底安置"的原则，上海市加强对就业困难人员和残疾劳动者的就业援助，使发展成果更多地惠及社会弱势群体，做好就业工作。2016年，上海市人力资源和社会保障局颁布实施《关于进一步做好本市就业援助工作的若干意见》（沪人社就发〔2016〕54号）。该意见指出，"就业困难人员"主要是指法定劳动年龄段内有一定劳动能力且就业愿望迫切，但因自身就业条件差而难以实现市场化就业，连续处于实际失业状态6个月以上的上海市户籍人员。该意见鼓励用人单位吸纳

"就业困难人员"、鼓励"就业困难人员"灵活就业、发挥公益性岗位的就业托底作用、加强"就业困难人员"技能培训。2016年上海市人力资源和社会保障局颁布《关于鼓励本市"特定就业困难人员"在特定行业就业的通知》(沪人社就发〔2016〕56号),旨在促进上海市"特定就业困难人员"在特定行业就业,如绿化市容、物业管理、涉老服务、邮政快递、养护服务行业领域,以及涉农企业和区县级及以上示范农民合作社。相关行业吸纳"特定就业困难人员"可按规定向政府申请岗位补贴。2017年,上海市实施"残疾劳动者就业促进专项计划"(沪人社规〔2017〕26号),将残疾劳动者纳入上海市促进就业工作的整体规划,以促进残疾人就业增收、加快推进残疾人小康进程,推进就业工作与残疾人事业的协调发展。该专项计划坚持"定向招用、市场引导、托底安置、精准扶持"的原则,旨在提高残疾人群体的获得感,使改革发展成果更多更公平地惠及残疾人。

(三) 上海劳动力市场制度的实施效果

如前所述,中国自21世纪初以来不断完善劳动力市场制度,劳动力市场制度体系已经初步形成。尤其是2008年颁布并开始实施的《劳动合同法》,更是明确了中国劳动力市场规制的力度和方向。目前，全面地评估中国最近实施的劳动力市场规制措施所产生的影响还为时尚早。这一方面是由于主要的劳动力市场制度安排实施的时间并不长，考虑到劳动力市场制度影响的滞后性、长期性，对其影响评价还需要假以时日；另外，中国推出严格的劳动力市场规制的时机恰逢经济快速增长的时期，旺盛的劳动力需求往往会掩盖劳动力市场规制对劳动力成本以及劳动力需求的负面影响。但是，利用最近的调查数据，我们仍然能够从一定程度上观察劳动力市场制度产生的影响。本部分我们对上海劳动力市场制度的实施效果进行分析评价。

1. 上海就业的整体状况

根据历年《上海市国民经济和社会发展统计公报》，上海市从 2006—2016 年，每年新增就业岗位数保持在 59.50 万—70.30 万个，每年新安置就业困难人员保持在 1.08 万—3.50 万人，城镇登记失业率近年来保持在 4.1% 的水平（见表 4-1）。上海市在率先实现经济发展的转型升级和由高速增长阶段向高质量发展阶段的过渡中，仍然保持较好的就业形势。2016 年，上海市全年新增就业岗位 59.93 万个，新安置就业困难人员为 1.08 万人，城镇登记失业率保持在 4.1%。

《就业促进法》和专项就业促进政策的实施对于安置就业困难人员、消除零就业家庭、帮扶创业起到了重要作用。2016年，上海市全年帮扶引领成功创业人数为11795人，其中，包括7500多名青年大学生和近9000名长期失业青年实现就业创业。2016年，全年完成职业培训为64.94万人，其中，农民工职业培训为27.77万人。高端人才工作也在积极推进，至2016年年末，上海市累计有894人入选国家千人计划，798人入选上海千人计划。

表4-1　　　　上海市就业情况相关指标（2006—2016年）

年份	新增就业岗位（万个）	新安置就业困难人员（万人）	城镇登记失业率（％）
2006	66.30	3.50	4.4
2007	70.30	2.50	4.3
2008	59.50	2.80	4.2
2009	59.60	1.50	4.3
2010	63.15	1.88	4.2
2011	64.16	1.86	4.2
2012	61.38	1.67	4.2
2013	60.05	1.76	4.2
2014	59.96	1.63	4.2
2015	59.66	1.34	4.1
2016	59.93	1.08	4.1

资料来源：根据《上海市国民经济和社会发展统计公报》（2006—2016）整理得出。

2. 对《劳动合同法》的认知状况

2010年中国城市劳动力调查针对《劳动合同法》条款提出了6个问题，给出了若干选项，请劳动力选出正确的选项。表4-2给出了外来劳动力和城市本地劳动力对这些问题选出正确选项的比例。外来劳动力对6个问题给出正确选项的比例，与城市本地劳动力相差都不大。例如，对"您认为被雇用后，雇主是否应该与您签订劳动合同？"，外来劳动力中，89.48%的劳动力给出了正确选项，认为被雇用后雇主应该与其签订劳动合同；城市本地劳动力中，95.34%的劳动力给出了正确选项。对"您认为从雇用算起，雇主多长时间内应与您签订劳动合同？"这一问题，外来劳动力中43.55%的劳动力给出了正确选项，认为是一个月；城市本地劳动力中，38.45%的劳动力给出了正确选项。总体来看，两类劳动力对《劳动合同法》的认知状况较为接近。

表4-2　　　　　　劳动力对《劳动合同法》的认知状况

问题	外来劳动力	城市本地劳动力
Q1. 您认为被雇用后，雇主是否应该与您签订劳动合同？（正确答案：是）	89.48%	95.34%
Q2. 您认为从雇用算起，雇主多长时间内应与您签订劳动合同？（正确答案：一个月）	43.55%	38.45%

续表

问题	外来劳动力	城市本地劳动力
Q3. 您认为在第一年工作期间，如果雇主未在规定时间内与您签劳动合同，是否应该每月支付二倍工资？（正确答案：是）	73.26%	78.49%
Q4. 您认为在一年期限的劳动合同中，试用期应不长于？（正确答案：两个月）	23.75%	22.04%
Q5. 您认为如果个人违反企业规章制度，企业能否解除劳动合同？（正确答案：能）	73.60%	70.19%
Q6. 您认为如果您满足规定条件，向雇主提出签无固定期限合同，雇主是否应该同意？（正确答案：是）	67.76%	70.17%
平均认知分值	3.69 分	3.73 分

注：该表分析的是 16—60 岁劳动力的状况。

资料来源：根据 2010 年中国城市劳动力调查数据计算得到。

表 4-2 的最后一行给出了平均认知分值。[①] 从两类劳动力认知分值的绝对值看，3.69 分和 3.73 分意味着，对这 6 个问题，外来劳动力与城市本地劳动力分别平均能够对将近 4 个问题给出正确选项。同时，两类劳动力的平均认知分值差异很小。这个指标进一步反映了两类劳动力对《劳动合同法》的认知状况较为接近。

分城市看，对有关《劳动合同法》条款问题的回

---

① 认知分值的计算方法是，针对每个问题，给出正确选项得 1 分，未给出正确选项得 0 分，得分加总后，就可以得出每个劳动力对这 6 个问题的认知分值，满分为 6 分，最低为 0 分。在得到每个劳动力的认知分值后，就可以计算所有劳动力的平均认知分值。

答,不同城市的劳动力存在一些差异(见表4-2和表4-3)。例如,对"您认为被雇用后,雇主是否应该与您签订劳动合同?",在上海,94.62%的外来劳动力和99.24%的城市本地劳动力给出了正确的选项,认为被雇用后雇主应该与其签订劳动合同,这一比例在所有城市中是最高的。

表4-3　　　　分城市劳动力对《劳动合同法》的认知状况

城市	Q1	Q2	Q3	Q4	Q5	Q6	平均认知分值
外来劳动力							
上海	94.62	39.08	77.92	25.85	78.29	53.65	3.68
武汉	72.60	41.03	69.76	31.60	65.08	73.65	3.52
沈阳	77.26	30.75	59.03	18.57	76.72	71.19	3.33
福州	92.76	45.10	79.76	13.80	59.31	75.83	3.65
西安	91.85	39.44	68.53	20.41	73.16	73.46	3.66
广州	89.31	49.11	71.08	23.86	74.72	74.54	3.78
合计	89.48	43.55	73.26	23.75	73.60	67.76	3.69
城市本地劳动力							
上海	99.24	31.50	88.24	22.50	75.59	61.98	3.77
武汉	91.68	39.53	66.07	27.06	61.37	75.28	3.60
沈阳	89.33	35.01	73.14	17.14	73.37	70.61	3.57
福州	94.48	45.52	72.45	17.85	51.80	78.69	3.60
西安	94.22	42.27	78.66	18.17	70.42	76.99	3.80
广州	96.18	51.16	76.23	24.53	75.67	73.04	3.94
合计	95.34	38.45	78.49	22.04	70.19	70.17	3.73

注:该表分析的是16—60岁劳动力的状况,Q1—Q6的调查问题同表4-2。
资料来源:根据2010年中国城市劳动力调查数据计算得出。

在有关雇主支付经济补偿的知识方面（Q3），77.92%的上海外来劳动力对此有正确的认知，这一比例仅低于福州；88.24%的城市本地劳动力给出了这一问题的正确答案，这一比例在六个城市中是最高的。

在解除劳动合同的知识方面（Q5），劳动力有正确认知的比例较高。上海78.29%的外来劳动力给出了正确的选项，这一比例在所有城市中是最高的；75.59%的城市本地劳动力给出了正确的选项，在六个城市中排在第二位。

如表4-3所示，从对所有问题的平均认知分值看，不同城市的劳动力存在一些差异。从外来劳动力的情况看，6个城市外来劳动力的平均认知分值为3.69。平均认知分值最高的为广州市，为3.78；上海排在第二位。从城市本地劳动力的情况看，6个城市本地劳动力的平均认知分值为3.73；上海排在第三位。不论外来劳动力还是城市本地劳动力，与其他城市相比，上海市劳动力对《劳动合同法》的认知状况相对较好。

3. 劳动合同的签订状况

我们来看劳动合同签订率的变化（表4-4）。从2016年第四轮中国城市劳动力调查的数据来看，在劳动合同签订率方面，无论是外来劳动力还是城市本地劳动力，上海的劳动合同签订率明显高于其他五个城市。这表明，上海在劳动合同签订方面处于较为领先的地位，而不同群体之间存在较大的差异。上海城市本地劳动力签订劳动合同的比例为95.15%，比外来劳动力群体高11.04个百分点；不论城市本地劳动力还是外来劳动力，男性劳动力签订劳动合同的比例均高于女性劳动力。这在一定程度上反映出，在劳动合同的签订方面，外来劳动力和女性劳动力依然处于相对弱势地位。

表4-4　　　　　　　　　　劳动合同签订率（%）

城市	外来劳动力			城市本地劳动力		
	男性	女性	合计	男性	女性	合计
上海	84.20	83.99	84.11	95.33	94.89	95.15
武汉	64.00	69.21	66.11	74.23	72.22	73.35
沈阳	64.91	54.31	60.34	71.07	73.06	71.90
福州	69.32	69.89	69.57	77.82	82.07	79.71
西安	67.44	69.12	68.19	68.67	73.97	70.76
广州	74.43	68.55	71.99	87.88	91.20	89.40

资料来源：根据2016年中国城市劳动力调查数据计算得到。

按照《劳动合同法》，劳动合同分为以下几类：固定期限劳动合同、无固定期限劳动合同、以完成一定工作任务为期限的劳动合同和劳务派遣合同。如表4-5和表4-6所示，在六个城市中，不论外来劳动力还是城市本地劳动力，签订固定期限劳动合同的劳动力占多数，其次是无固定期限劳动合同，而签订以完成一定工作任务为期限的劳动合同和劳务派遣合同的比例较低。

表4-5　　　　　　　　外来劳动力劳动合同类型分布（%）

	固定期限劳动合同	无固定期限劳动合同	以完成一定工作任务为期限的劳动合同	劳务派遣合同
上海	77.63	21.61	0.64	0.12
武汉	66.98	30.37	0.66	2.00
沈阳	84.00	14.13	1.51	0.36
福州	83.41	10.75	1.42	4.42
西安	85.50	11.15	0.43	2.92
广州	71.09	27.44	1.27	0.20

资料来源：根据2016年中国城市劳动力调查数据计算得到。

表4-6　　　　　　　城市本地劳动力劳动合同类型分布（%）

	固定期限劳动合同	无固定期限劳动合同	以完成一定工作任务为期限的劳动合同	劳务派遣合同
上海	60.90	37.70	0.62	0.78
武汉	59.67	39.60	0.42	0.32
沈阳	72.70	24.78	0.32	2.20
福州	70.84	23.80	0.00	5.36
西安	66.23	31.89	0.00	1.87
广州	66.43	32.59	0.50	0.48

资料来源：根据2016年中国城市劳动力调查数据计算得到。

对于劳动者权益保障而言，在无固定期限劳动合同用工下，劳动者无论在薪酬待遇、社会保险等权益保障和就业稳定性方面均处于优势。上海外来劳动力中签订无固定期限劳动合同的比例为21.61%，城市本地劳动力为37.70%。与其他城市相比，上海这两类劳动力签订无固定期限劳动合同的比例分别排在第三位和第二位。对比上海外来劳动力和城市本地劳动力，我们发现，上海本地劳动力签订无固定期限劳动合同的比例（37.70%）远高于外来劳动力（21.61%）。

对于签订了固定期限劳动合同、以完成一定工作任务为期限的劳动合同和劳务派遣合同的劳动力，我们关注其所签订的劳动合同的期限（表4-7）。上海外来劳动力和城市本地劳动力签订3年及以上期限劳动合同的比例分别为61.67%和71.73%，与其他城市相比，分别排在第四位和第三位。比较上海外来劳动力和城市本地劳动力，我们发现，本地劳动力签订3年及以上劳动合同的比例（71.73%）远高于外来劳动力（61.67%），高出10个百分点。

表4-7　　　　　　　　　　劳动合同的签订期限（%）

签订期限	外来劳动力			城市本地劳动力		
	1年及以下	1—3年	3年及以上	1年及以下	1—3年	3年及以上
上海	22.84	15.50	61.67	14.07	14.20	71.73
武汉	35.10	7.29	57.61	30.25	7.22	62.53

续表

签订期限	外来劳动力			城市本地劳动力		
	1年及以下	1—3年	3年及以上	1年及以下	1—3年	3年及以上
沈阳	15.11	12.44	72.46	23.07	9.15	67.78
福州	38.64	6.72	54.65	18.68	12.61	68.71
西安	11.79	4.85	83.36	16.54	4.16	79.30
广州	19.36	12.07	68.57	15.01	9.11	75.88

资料来源：根据2016年中国城市劳动力调查数据计算得到。

4. 工资与工作时间

对外来劳动力和城市本地劳动力，我们比较了签订与未签订劳动合同的劳动力的工资差异（表4-8）。分城市比较发现，在各类劳动力群体中（外来劳动力和城市本地劳动力、签订劳动合同的劳动力和未签订劳动合同的劳动力），上海劳动力的小时工资和月工资均高于其他城市。在上海，不论外来劳动力还是城市本地劳动力，签订了劳动合同的劳动力的小时工资和月工资均高于未签订劳动合同的劳动力。

表4-8 签订与未签订劳动合同的劳动力的小时工资和月工资（元）

城市	小时工资				月工资			
	外来劳动力		城市本地劳动力		外来劳动力		城市本地劳动力	
	签订	未签订	签订	未签订	签订	未签订	签订	未签订
上海	42.81	24.73	43.85	32.02	7772.45	4959.01	7602.25	5568.53
武汉	24.79	16.93	21.99	18.09	4795.43	3780.17	3990.40	3582.70
沈阳	20.41	14.40	19.31	17.52	3825.53	3229.53	3437.02	3187.07

续表

城市	小时工资				月工资			
	外来劳动力		城市本地劳动力		外来劳动力		城市本地劳动力	
	签订	未签订	签订	未签订	签订	未签订	签订	未签订
福州	25.78	21.25	30.48	24.29	4913.07	4147.93	5313.86	4472.86
西安	27.07	16.43	22.93	18.15	4722.29	3572.47	4194.78	3431.85
广州	29.74	18.22	43.37	22.42	5452.49	3761.16	6433.42	4150.70

资料来源：根据2016年中国城市劳动力调查数据计算得到。

在工作时间方面，分城市比较发现，上海外来劳动力的月工作小时数与其他城市相比处于中间水平；但是上海本地劳动力无论是否签订劳动合同，其每月工作小时数远低于其他五个城市（表4-9）。上海外来劳动力的每月工作小时数远高于城市本地劳动力。在上海，不论外来劳动力还是城市本地劳动力，签订了劳动合同的劳动力的每月工作小时数都少于未签订劳动合同的劳动力。

表4-9 签订与未签订劳动合同的劳动力的每月工作小时数

	外来劳动力		城市本地劳动力	
	签订	未签订	签订	未签订
上海	190	219	176	178
武汉	201	235	188	207
沈阳	187	231	185	191
福州	197	209	181	189
西安	195	226	184	193
广州	189	217	180	191

资料来源：根据2016年中国城市劳动力调查数据计算得到。

5. 劳动力对劳动合同条款和单位违反劳动合同状况的了解

劳动者对于其所签订的劳动合同条款的了解状况,即对于自己签订的劳动合同的知情情况和熟悉程度,对于劳动者的权益保障有着重要意义。对六个城市情况进行比较发现,不论外来劳动力还是城市本地劳动力,其对所签订的劳动合同条款的了解状况为"了解"的比例,远高于其他五个城市(表4-10)。上海城市本地劳动力对于劳动合同条款的了解状况为"了解"的比例为71.83%,远高于外来劳动力的61.22%。

表4-10　　　　　对所签订的劳动合同条款的了解状况(%)

城市	外来劳动力			城市本地劳动力		
	了解	一般	不了解	了解	一般	不了解
上海	61.22	29.61	9.17	71.83	24.79	3.38
武汉	53.23	35.70	11.07	55.08	37.55	7.37
沈阳	46.54	50.91	2.55	58.59	25.87	15.54
福州	49.51	42.01	8.47	57.79	35.99	6.23
西安	56.65	37.18	6.17	58.90	36.55	4.55
广州	53.79	40.60	5.61	58.43	32.23	9.34

资料来源:根据2016年中国城市劳动力调查数据计算得到。

有关单位是否有违反劳动合同的状况,2016年中国城市劳动力调查询问了劳动力的主观认知状况,劳动力根据自身认知和经验回答单位是否有违反劳动合同的状况（表4-11）。上海外来劳动力中认为单位没有违反劳动合同的比例为90.29%，上海城市本地劳动力中认为单位没有违反劳动合同的比例为91%，均在六个城市中排在第二位。

表4-11　　　　　　单位是否有违反劳动合同的状况（%）

城市	外来劳动力			城市本地劳动力		
	没有	有	不知道	没有	有	不知道
上海	90.29	0.71	9.01	91.00	1.20	7.80
武汉	85.11	2.29	12.60	91.11	2.53	6.35
沈阳	91.33	0.26	8.41	89.11	2.21	8.68
福州	83.83	2.21	13.96	86.40	1.19	12.41
西安	83.31	7.27	9.42	84.37	4.30	11.32
广州	84.27	2.22	13.51	86.62	1.48	11.90

资料来源：根据2016年中国城市劳动力调查数据计算得到。

（四）对完善上海劳动力市场制度的政策建议

近年来，上海市政府出台了一系列旨在促进就业、提升劳动者人力资本和保障劳动者权益的法律实施细则和劳动力市场政策，形成了较为健全的劳动力市场制度。具体而言，在贯彻《劳动合同法》、集体合同制度、集体协商制度等方面进一步完善和细化；在劳动争议调解仲裁方面形成多元化的专业性劳动争议调解机制，形成以预防、基层、调解为主的多元化劳动争议调解组织体系；完善最低工资条例以及社会保险制度，注重劳动者权益保护。上海市政府还出台了一系列举措以促进就业、扩大劳动供给和缓解就业结构性矛盾。

然而，不论是在上海还是全国，当前的劳动力市场制度建设存在一个共同的问题，在制度建设和改革方面更多的是问题解决型，即为应对某一具体的挑战或负面效应，如劳动供给不足、就业结构性矛盾和人力资本水平低等问题进行制度设计，通过法律手段、行政方式和公共财政投入进行干预。劳动力市场制度建设的问题导向和针对性明确，但是建构性不足，在"构建和谐劳动关系"方面依然任重而道远。简单而言，当前的劳动力市场制度建设和改革更多的是被动的、应对型的，问题解决有余，而并没有真正践行"构建"。党的十九大报告指出，就业是最大的民生，要完善政府、工会、企业共同参与的协商协调机制，构建和谐劳动关系。构建和谐劳动关系是当前中国经济和社会发展进程中的重要环节，应当让劳动力市场为经济发展和社会进步提供持续的动力（都阳，2016）。

所谓"构建"是指在应对问题和在传统的劳动力

市场制度建设的基础上，把握新时代就业趋势和劳动关系的新特征，尤其注重就业形式多元化和信息化这两大因素对传统劳动关系带来的冲击，积极构建包容性的劳动关系，容纳多样化的劳动者需求和多种劳动关系形式。上海在率先实现转型升级的过程中，随着经济结构优化升级和新旧增长动能的转换，用工形式多样化、灵活化和复杂化的特征更为明显，劳动者的诉求、劳动争议的形式也将更为复杂和多元化。应当积极探索和构建包容性的劳动力市场制度，以包容性、灵活性、高覆盖为原则，积极探索新型的劳动力市场制度建设。

有关国外劳动关系经验的研究发现，仅仅关注法律建设是不够的。Legree等（2017）对加拿大的研究发现，劳动关系立法对于工会建设的影响并不显著，劳动关系法律改革对减少劳动力市场不平等的影响也较小，尤其对于在私有部门就业的蓝领工人和管理工人而言。上海市在劳动争议调解组织建设方面，强调以街道（乡镇）基层调解组织为主，企业、行业等调解组织为辅，相关社会力量共同参与的多元化劳动争议调解组织体系，通过柔性方式最大限度地将劳动争议化解在基层。该举措对于劳动关系的治理是一个有益的探索，未来应当进一步强调基层调解组织建设，在充分发挥街道（乡镇）基层作用的基础上，加强社区建设并发挥社区在劳动关系调解方面的作用。

欧洲国家 Adapt2Jobs（课程和教育项目按照就业市场需求进行调适）的理念和探索对于上海也具有一定的启示意义。Epure（2017）发现，大学——企业之间的结构性合作能够使得大学更好地调整其课程设置以满足劳动力市场需求。Epure（2017）介绍的欧盟国家的两大举措对于上海实现劳动力市场资源优化配置和人力资本水平提高具有政策启示意义：一是将课程与劳动力市场需求挂钩，加强学校与企业之间的合作，提高高等教育质量；二是普及电子教学技术，从而使更多的人享有学习的机会。

五　灵活性与安全性统一的保障制度

近年来，上海市人口净迁入步伐放缓，人口总量趋于稳定，老龄化程度加深，社会保障负担加重，以强调安全性为主的传统保障制度对劳动力市场和经济发展带来挑战。是否能够成功有效地应对这一挑战，取决于上海在包容与保守之间如何选择，也受制于如何巧妙地设计有利于生产率提升的保障制度，以适应劳动力市场转变和经济转型要求，实现社会保障制度可持续与经济转型升级的双赢。公共服务与社会保障制度作为上海转型升级的重要保障条件，相关改革需要沿着鼓励劳动就业参与、继续吸引人力资源流入、促进生产率提升的方向积极探索，重点任务是尽快建立与劳动力市场协调的保障体系，推动富有战略远见的户籍改革，切实完善以人为本的居住证制度。

（一）上海人口老龄化的形势与挑战

上海长期以来备受老龄化困扰，生育率较早陷入低水平，户籍人口老龄化率位居主要大城市之首。得益于上海的经济中心地位以及城市的开放与包容，大量年轻劳动力流入使得总体人口结构保持稳定，为上海的经济活力和创新发展提供关键支撑。但是，全国人口与经济结构转变已经进入新阶段，上海的人口净流入步伐明显放缓，人口总量已经出现负增长，主要依靠年轻人口流入应对人口老龄化的时代已经结束，流动人口也在加快变老，挑战日益严峻。

1. 老龄化进程不可扭转，社会保障负担持续加重

上海的老龄化起步更早、程度更深。21世纪初期，上海户籍人口中60岁及以上老年人比重就达到18.3%，大约是全国总体人口老龄化水平的2倍。随后，老龄化逐步加速，2010年上海户籍人口老龄化提高到23.4%，高出全国总体人口老龄化水平约10个百分点。到2016年年末，上海户籍人口老龄化大幅提高到31.6%，意味着平均每3个户籍人口中就有一个60岁及以上的老年人，成为首个户籍人口老龄化突破30%的大城市，比同为直辖市的北京和天津的户籍人口老龄化水平高出 7—8 个百分点，比杭州和广州分别高出 10 个百分点和 14 个百分点，比竞争性城市深圳高出近 25 个百分点。如图 5-1 所示，人口老龄化形势最为严峻。

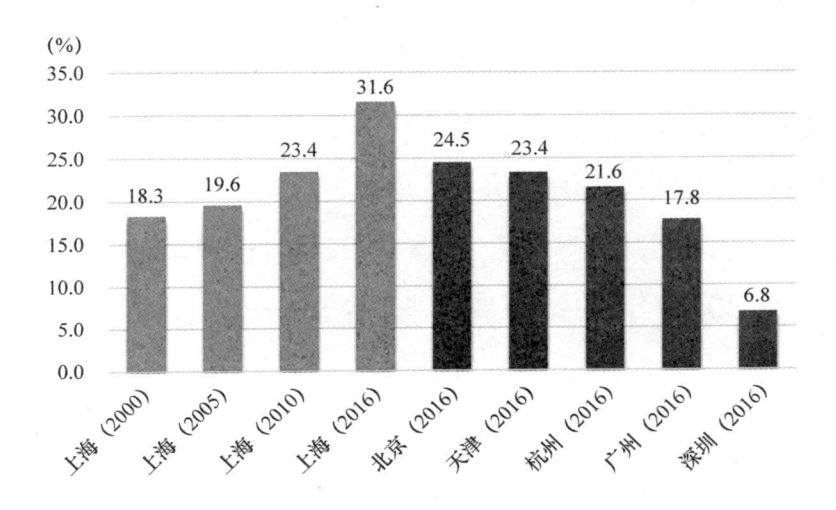

图 5-1　上海与主要城市户籍人口老龄化率比较

注：户籍人口老龄化率指本市户籍人口中 60 岁及以上老年人比重。

资料来源：《上海统计年鉴》相关年份以及《2017 北京统计年鉴》《2017 天津统计年鉴》《2017 杭州统计年鉴》《2017 广州统计年鉴》《2017 深圳统计年鉴》。

人口老龄化加深带来的直接挑战就是与老年相关的社会保障支出迅速增加。上海离退休、退职人数从 2000 年的 234.2 万人增加到 2016 年的 426.2 万人，增长了将近一倍，直接带来了养老金支出激增的问题，2000 年养老金支出为 205 亿元，到 2012 年突破 1000 亿元，随后继续快速增长，到 2016 年增加到近 2000 亿元。2006 年之前，上海市养老金支出占 GDP 比重基本保持稳定并有所下降,之后在养老金标准持续大幅提高和离退休人员快速增加的双重作用下,养老金支出增速超过 GDP 增速,养老金支出占 GDP 比重从 2006 年的 3.7% 逐步提高到 2012 年的 5.0%,2016 年进一步提高到 7.0% 左右,养老金支付压力加大。老龄化也加重了医疗负担,21 世纪初,上海的卫生总费用也仅有 200 亿元左右,2012 年突破 1000 亿元,2015 年继续增加到 1500 亿元,预计 2016 年将超过 1700 亿元。卫生总费用占 GDP 比重从 21 世纪初不到 4% 逐步提高到 2016 年的 6.2%。随着经济增长趋于平稳,

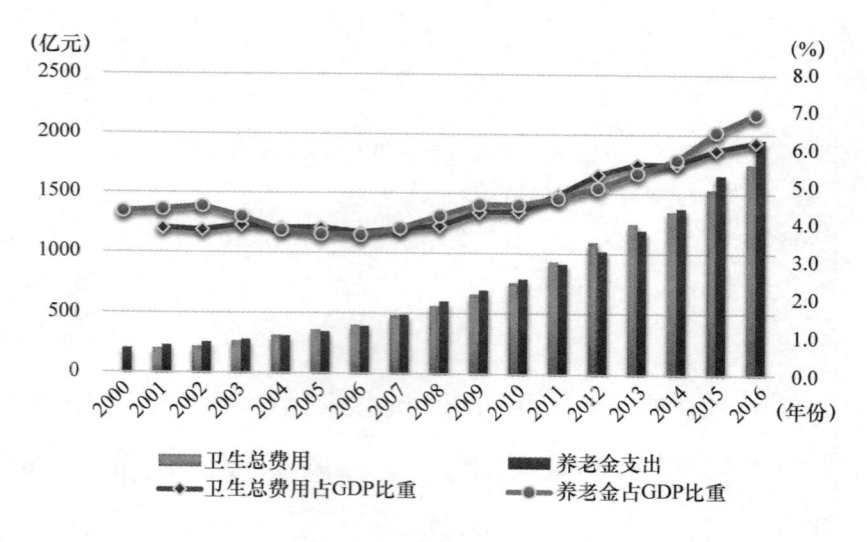

图 5-2 上海卫生总费用和养老金支出变动趋势

注:养老金支出包括离退休、退职人员的离休费、退休费和退职生活费。2016 年卫生总费用核算根据上年度增速推算估算得到。

资料来源:根据《上海统计年鉴》(2001—2017 年)计算得到。

人口老龄化继续加深，养老和医疗需求持续增加，可以预期社保支出占 GDP 比重会进一步提高，社保体系面临日趋严峻的挑战，财政负担也将持续加重。

2. 流动人口大量迁入，老龄化影响有效缓解

在上海，流动人口延续了青春活力，年龄结构形成互补。如果说上海本地人是一个将近半百之年的老人，流动人口就是一个朝气蓬勃的年轻人，两类群体的融合保持着上海的青春活力。根据中国社会科学院人口与劳动经济研究所和上海研究院合作开展的城镇住户抽样调查显示，2016 年上海本地户籍人口的平均年龄已经接近 48 岁，而城镇流动人口平均年龄只有 36 岁，农村流动人口更年轻，只有约 30 岁。流动人口完美地填补上海本地人口年龄分布的缺口，上海本地户籍人口 60 岁及以上老年人口比例高达 32.4%，这意味着，大约每三个本地人就有一个老年人，而城镇流动人口中老年人口比例只有 13.6%，农村流动人口老年人口比例更是只有不到 3%，流动人口迁入使上海整体老龄化水平下降到 25.3%。若没有流动人口迁入，上海的老年人抚养比（60 岁以上老年人相对于 16—59 岁劳动年龄人口比例）将高达 54.2%，意味着每 2 个劳动者就要供养 1 个老年人，年轻的流动人口迁入将上海老年人抚养比降低到 39.5%，拉低了约 15 个百分点，意味着每 5 个劳动者只

需要供养2个老年人，社会养老负担压力明显下降。本地人口与流动人口形成一个稳定的人口与劳动力格局，构建了上海经济持续稳定发展的关键基础。

流动人口不仅直接构成上海劳动力市场的重要供给，同时也带来稳定的潜在劳动供给源泉。伴随着城市经济的发展，与老龄化相伴的是少子化，调查显示，上海本地人口的生育率持续下降，2016年本地人口中15岁及以下人口比重不到8%，而城镇流动人口这一比例达到13.4%，农村流动人口这一比例更是高达21.8%，这意味着流动人口迁入不仅直接贡献了劳动力，同时也带来了大量的青少年，作为流动人口的二代成为上海未来劳动力供给的潜在源泉，在人口老龄化加深、劳动力供给减少的大趋势下，这些青少年正是保障城市未来竞争力和活力的宝贵资源。不管从当前供养上海老年人的贡献来说，还是从未来提供稳定劳动力供给的价值来看，保障流动人口享受基本公共服务和社会保障，确保流动人口青少年能够得到良好、高质量的教育，都是上海市经济社会可持续发展的应有之义。

表5-1　　　上海本地人口与流动人口的年龄结构（%）

年龄段（岁）	本地户籍人口	城镇流动人口	农村流动人口	总体
15及以下	7.9	13.4	21.8	10.8
16—29	10.3	21.5	24.0	13.9
30—39	17.5	26.5	24.8	19.8

续表

年龄段（岁）	本地户籍人口	城镇流动人口	农村流动人口	总体
40—49	14.3	14.5	17.8	14.9
50—59	17.7	10.6	8.9	15.4
60 及以上	32.4	13.6	2.7	25.3
平均年龄（岁）	47.6	36.4	30.5	43.5

资料来源：根据 CULS4 计算得到。

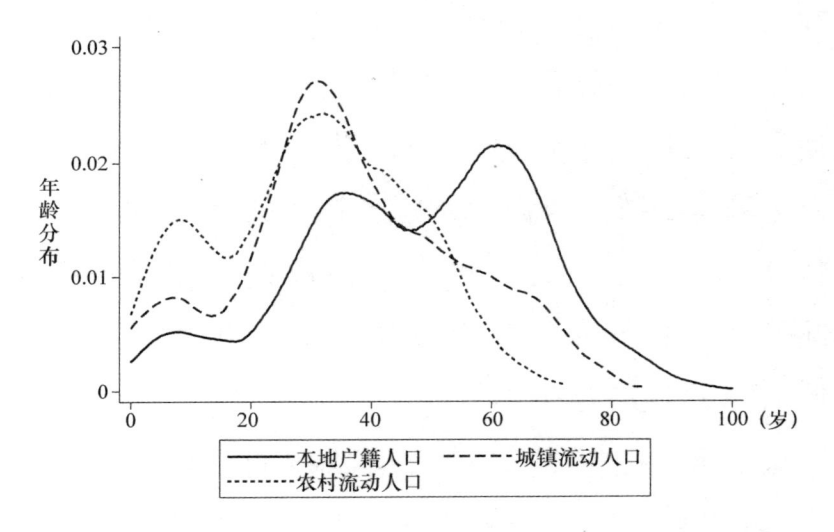

图 5-3　上海本地人口与流动人口的年龄分布

资料来源：根据 CULS4 计算得到。

人力资本同样形成良好的互补格局，流动人口促进上海实现均衡发展。高技能人才是城市的核心竞争力，但城市是一个完整的且分工协作的经济运行系统，仅有高技能人才也无法正常运转，低技能、高技能与普通中等技能人才的合理分布是城市稳定运行的重要保障。流动人口恰如其分地补充了人力资本结构的

"两端"，一端是以城镇流动人口为代表的高技能人才，另一端是以农村流动人口为代表的低技能人才，与本地人口融合在一起，构成了稳定且合理分工、良好匹配的人力资本分布，确保上海能够维持高效运转、均衡发展。流动人口与本地人口的人力资本分布形成了良好的互补关系。抽样调查显示，上海本地户籍人口的人力资本水平总体上处在中间位置，平均受教育年限为12年，位于城镇流动人口（12.9年）和农村流动人口（9.5年）之间。如果仅依靠上海本地人口的人力资本结构，将难以支撑上海的持续发展，既会面临高端人才的匮乏，也会存在低技能普通人才短缺的问题。这将导致城市既缺乏创新竞争力，又缺乏相对低成本的经济竞争力。

流动人口迁入同时带来了高技能优势，也补充了低成本优势。从三个群体的受教育水平分布来看，呈现出一个典型的互补格局，农村流动人口中初中及以下普通劳动者占到60%，主要从事居民服务、住宿餐饮、批发零售等与居民生活密切相关的服务业，包括高技能人才在内的任何人都无法脱离这些普通岗位的支持，同时，城镇流动人口中大专及以上高技能劳动者占到50%以上，有效弥补了本地户籍人口高技能人才短缺，为城市创新发展注入了重要的人才支撑。一个城市的均衡发展显然离不开良好的人力资本结构，岗位的工资水平有差别，从重要性上岗位没有贵贱之分，缺了谁城市都难以有效运作。

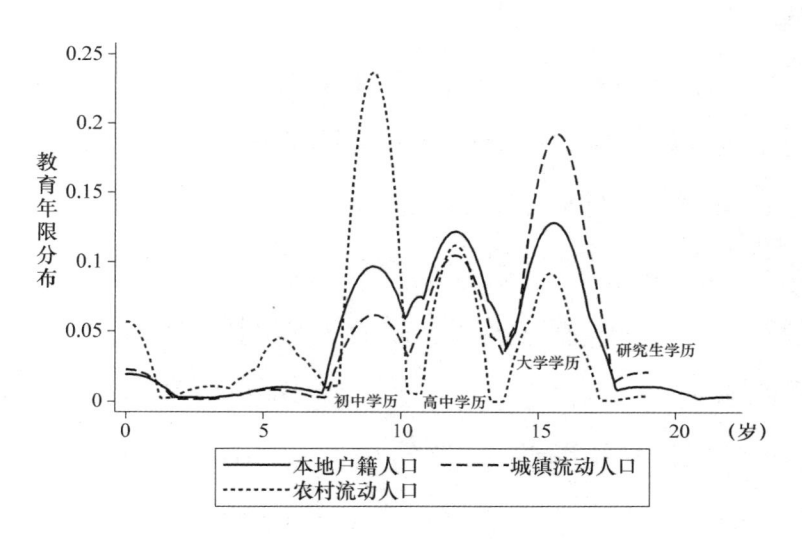

图 5-4　上海本地人口与流动人口的教育水平分布
资料来源：根据 CULS4 计算得到。

3. 人口迁入步伐渐行渐止，老龄化缓冲效果消失殆尽

长期以来，流动人口成为上海人口和劳动力增长的主要贡献来源，从根本上缓解了上海户籍人口深度老龄化之痛。改革开放以来，上海户籍人口总量基本保持稳定，从1000万人平稳小幅度增长到目前的1450万人左右，更具活力和生产力的流动人口填补了关键缺口，尤其是21世纪以来流动人口迁入步伐加速，从2000年的280多万人快速增加到2010年的近900万人，随后迁入步伐逐步放缓，在2014年达到987万人

的高峰之后开始小幅回落。流动人口占常住人口比重从2000年的17.8%逐步提高到2012年的40.1%，之后基本稳定在这一水平。

流动人口成功地使上海从老龄化泥潭中暂时得以解脱。根据第六次全国人口普查数据，2010年上海户籍人口老龄化水平高达23.4%，而常住人口老龄化水平保持在15.1%，仅仅比全国平均水平高出不到2个百分点，这意味着年轻的流动人口让上海人口老龄化水平缓解了8个百分点之多。流动人口更是直接化解了社会保障体系濒临崩溃的风险。2010年上海城镇职工基本养老保险制度中离退休人员数量已经达到350万人，制度抚养系数（离退休人员与参保在职人员之比）高达67.4%，意味着平均每3个在职人员需要供养2个老年人，在2011年《社会保险法》颁布背景下，上海调整制度将流动人口尤其是农民工并入城镇职工养老保险体系，制度抚养系数从一度接近70%下降到40%，有效地平衡了社保体系并缓解了基金支付压力。

但是，依靠流动人口迁入缓冲人口老龄化的美好时代似乎已经终结。2012年之后，大规模人口净迁入的步伐逐渐停滞，在日趋严格的人口调控政策影响下，流动人口和人口总量都出现了负增长，在严格的人口总量目标控制下，预计未来一段时期上海的流动人口和人口总量都将趋于平稳。与人口总量趋于稳定的形势相反,人口结构加快转变的步伐不可逆转,并且呈现逐步加快的态势,包括流动人口在内的上海常住人口都将继续迈向深度老龄化。之前较长时期作为社保体系贡献者的流动人口也将逐步成为被供养者,与之相关联的支出负担将急速增加。传统的应对老龄化之策已经难以奏效,上海的人口老龄化挑战才真正到来。

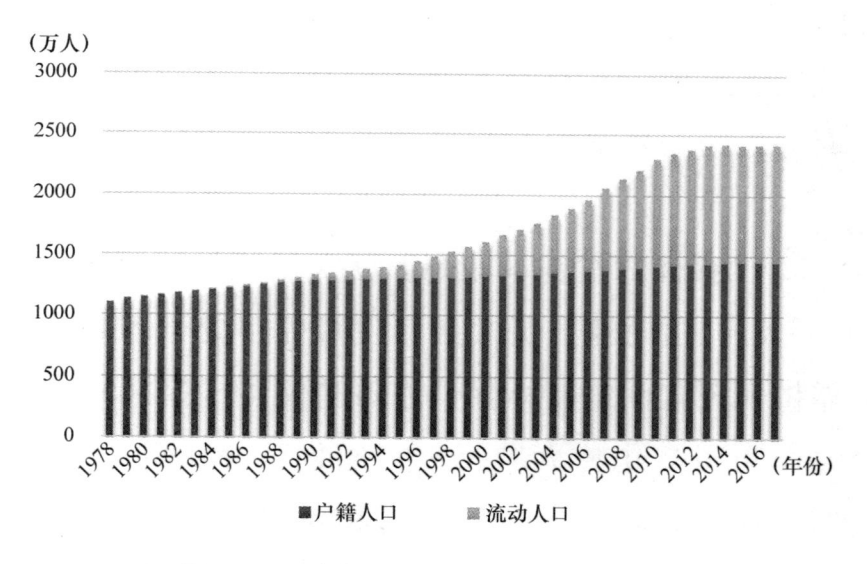

图 5-5 上海人口变动趋势(1978—2017 年)

资料来源:根据《2017 上海统计年鉴》整理得到。

(二)鼓励劳动就业参与的社会保障制度

社会保障制度是劳动力市场体系的重要构成,良好的社保制度有利于保护劳动者权益，促进劳动力市场稳定发展，提高就业稳定性和就业质量。但过于僵化和慷慨的社保制度同样可能对劳动力市场产生负面影响，良好的社保制度应该鼓励劳动者积极参与劳动力市场并实现就业质量提升，而目前社保制度表现出来的显著特征是激励劳动者过早退出劳动力市场，导致劳动参与率过早过快下降，社保制度分割导致部门之间、行业和职业之间、群体之间的劳动者保障水平出现显著差异，不利于人力资源充分流动和有效配置，长期造成经济效率损失。

1. 社会保障覆盖率较高，就业正规化优势明显

上海城镇就业人员社会保险覆盖率处于较高水平，依靠扩大覆盖面维持社保体系可持续的空间越来越小。上海作为国际化特大城市，正规化就业比重较高，社会保险制度和政策的执行力度相对严格，就业人员参与城镇职工社会保险的比例较高。根据中国社会科学院开展的2016年第四轮城市劳动力调查显示，上海的城镇职工养老保险参保率已经达到80%左右，在调查覆盖的六个城市中处于最高水平，而且男性与女性职工的参保率差异相对较小，广州的城镇职工养老保险参保率只有60%左右。其他社会保险项目也表现出类似特征，上海城镇职工医疗保险的参保率接近70%，

失业保险和工伤保险的参保率大约在60%左右,生育保险的参保率在50%左右,对比其他调查城市,都处于较高水平。

但从另一个角度来看,上海城镇职工社会保险制度进一步扩大覆盖面的空间已经比较有限,依靠"扩面"维持社保体系收支平衡的难度越来越大,而寄希望于更多年轻劳动者新进入社保体系的可能性也越来越小,长期来看不得不依托于劳动生产率的持续提升,这对于现行社保制度提出更高要求,本质上要探索建立一个鼓励劳动就业参与和劳动生产率提升的社保制度。

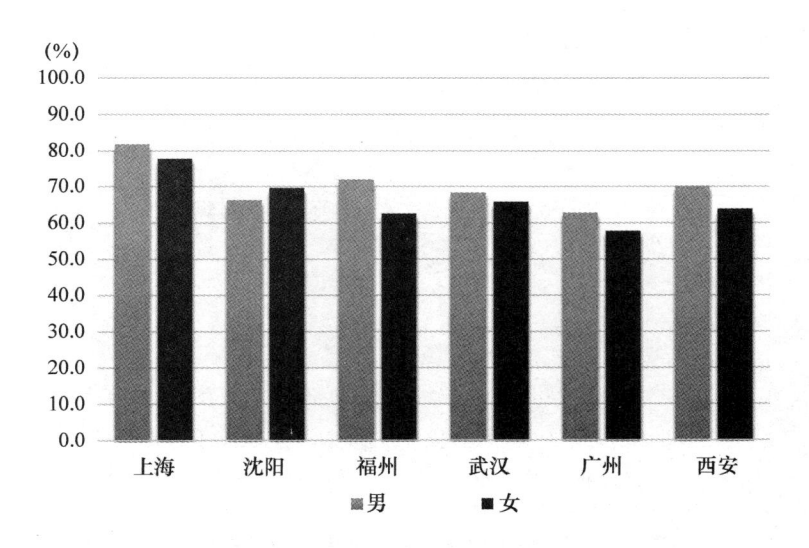

图 5-6 上海与主要城市城镇职工养老保险参保率对比

资料来源:根据中国社会科学院人口与劳动经济研究所于2016年组织实施的第四轮城市劳动力调查数据整理得到。

社会保障制度发展有利于促进劳动力市场正规化水平，提高劳动者就业质量。社会保险覆盖本身就是反映劳动力市场和就业质量的重要指标之一，同时社会保障制度也有利于进一步促进劳动力市场体系发展，从城镇劳动者的单位类型、工作身份、单位规模以及劳动合同等维度可以直观地反映出上海劳动力市场和就业质量的优势。就业正规化程度是劳动力市场和就业质量的重要反映，从工作身份来看，以个体工商户方式就业的比例为11.9%，自营和灵活就业方式比例为14.7%，在7人及以下单位工作的比例为15.6%，未签订劳动合同的就业人员比例为9.0%，各项反映

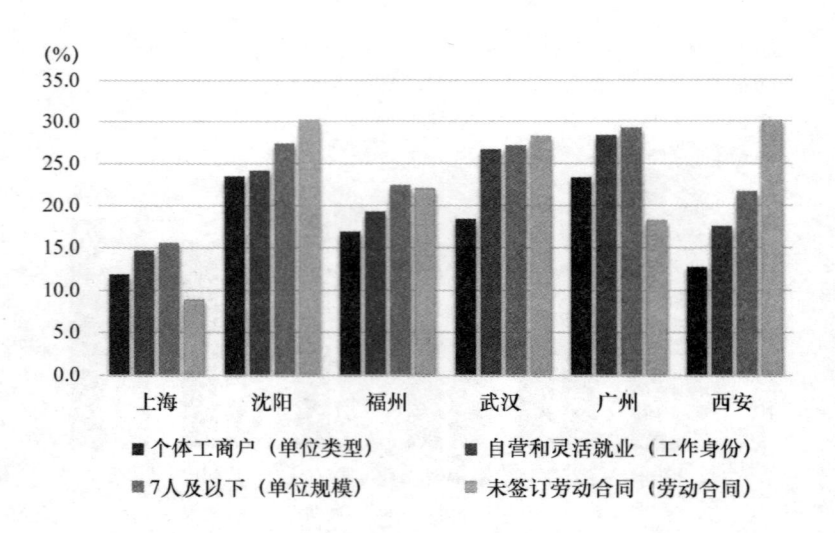

图5-7 上海与主要城市劳动者就业正规化对比

注：工作身份中自营和灵活就业包括自营劳动者、个体工商户、电商（网店）、分包商、自由职业、家庭帮工和其他灵活性就业。

资料来源：根据中国社会科学院人口与劳动经济研究所于2016年组织实施的第四轮城市劳动力调查数据整理得到。

就业正规化水平的指标在调查城市中均处于最低水平，反映出上海在劳动力市场的就业质量和保障水平方面的相对优势。

2. 过早退休现象突出，社保制度挤出就业

当前中国的城镇职工退休年龄较早，在劳动年龄阶段就退出劳动力市场。中国法定退休年龄一般为女性50岁（干部55岁）、男性60岁，政策长期未根据人口预期寿命和经济发展水平变化进行调整，导致城镇职工在仍具有较强生产力阶段过早退出劳动力市场，造成人力资源闲置，也加重了社保体系负担。上海长期以来深受户籍人口老龄化困扰，过早退休现象同样比较突出。课题组抽样调查显示，上海目前退休人员实际办理退休手续的年龄（即实际退休年龄）主要分布在40—60岁之间，呈现出两个波峰的特征，50岁和60岁的两个波峰反映出法定退休年龄政策受到特殊退休待遇政策的影响（如特殊工种可以办理提前退休或病退），实际退休年龄在50岁之前的比例达到18%，这其中主要是女性，实际退休年龄在60岁之前的比例高达73.4%。这意味着，目前绝大部分退休人员在劳动年龄阶段就已经办理退休。

退休制度逐渐规范，但法定退休年龄尚未调整，过早退休现象依然突出。尽管最近年份退休制度和管

理逐步规范,不合理的提前退休现象明显减少,但法定退休年龄尚处在方案设计和讨论阶段,弹性退休和延迟退休改革并未正式启动,目前新增退休人员仍然是处于50—60岁之间的劳动年龄人口。调查显示,目前上海和主要城市享受养老金待遇的退休人员年龄仍然有较大部分集中在60岁之前,男性在45—59岁之间享受养老金待遇的比例达到10.9%,这部分群体通过不同渠道或特殊政策提前办理了退休,女性在45—59岁之间享受养老金待遇的比例达到53.1%,这部分群体处于退休与就业之间的衔接转换阶段,最容易受到社保制度和退休政策的影响,一个鼓励劳动就业参与的社保制度必须要处理好退休与就业、社保制度与劳动力市场之间的关系。

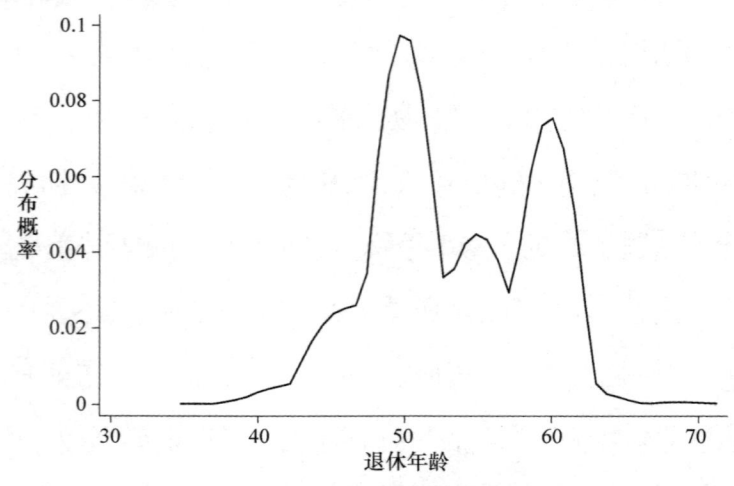

图5-8 上海城镇职工的实际退休年龄分布

注:kernel = epanechnikov,bandwidth = 1.2345。

资料来源:根据中国社会科学院人口与劳动经济研究所于2016年组织实施的第四轮城市劳动力调查数据整理得到。

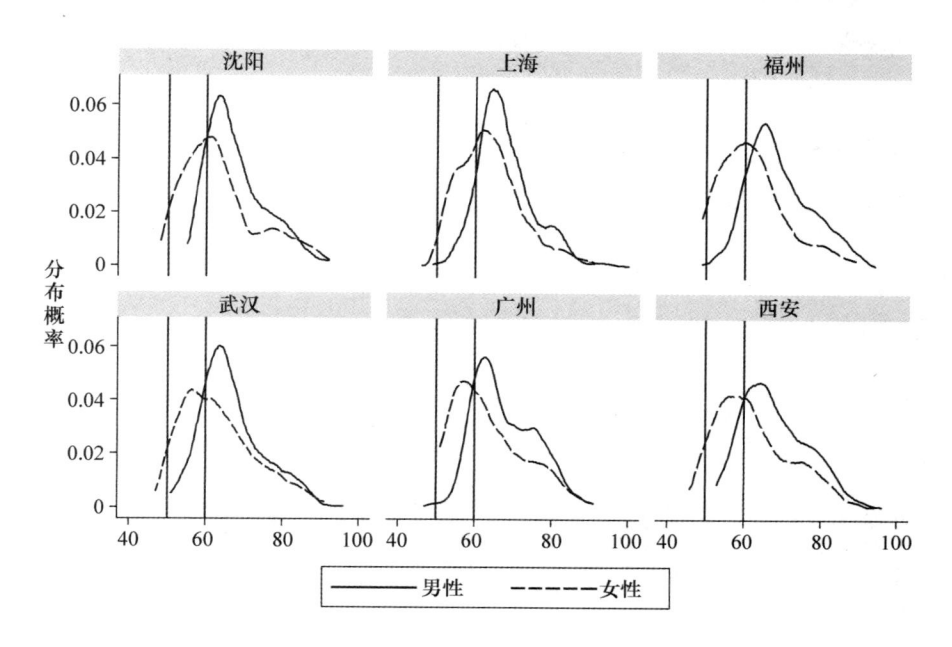

图 5-9 上海与主要城市城镇职工退休人员年龄分布

资料来源：根据中国社会科学院人口与劳动经济研究所于 2016 年组织实施的第四轮城市劳动力调查数据整理得到。

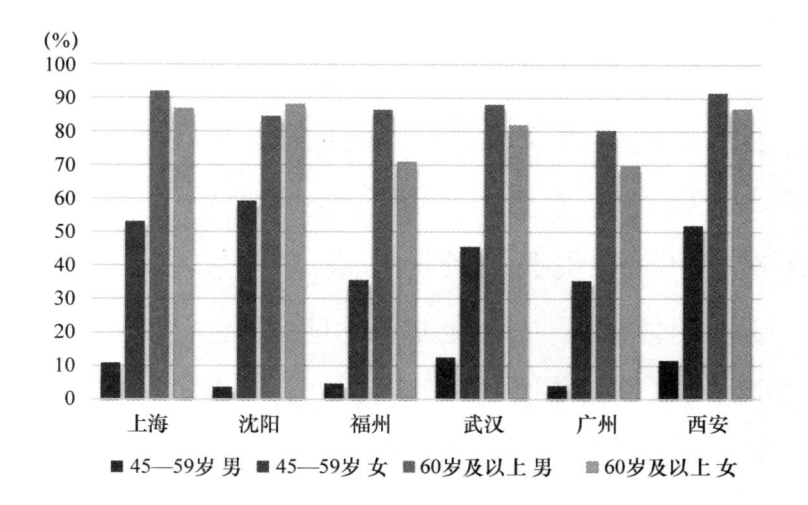

图 5-10 上海与主要城市城镇职工养老保险待遇覆盖率

资料来源：根据中国社会科学院人口与劳动经济研究所于 2016 年组织实施的第四轮城市劳动力调查数据整理得到。

退休制度直接造成劳动参与率在 40—60 岁之间"断崖式"下降。劳动参与率曲线应该随着年龄变化呈现出一个相对平缓变化的完整倒 U 型,但课题组抽样调查计算显示,上海城镇劳动参与率曲线在 50 岁之后出现了一个"断崖式"下降,总体劳动参与率从 45—49 岁的 88.9% 大幅下降到 50—54 岁的 55.2%,55—59 岁进一步下降到 34.6%,其中,女性劳动参与率从 45—49 岁的 82.4% 下降到 50—54 岁的 26.3%,55—59 岁进一步下降到仅有 4.6%,男性劳动参与率从 45—49 岁的 96.3% 小幅下降到 50—54 岁的 87.6%,55—59 岁进一步下降到 61.5%,60—64 岁下降到 9.9%。显然,中国特殊的劳动参与率曲线出现的一个较大"缺口"主要归因于特殊的退休制度,这一"缺口"长期在经济转轨和就业压力较大时期影响并不显著,也在一定程度上发挥了社会托底和社会稳定功能,但在日趋成熟的劳动力市场和经济体系中,主要体现出就业挤出和宝贵人力资源损失。

过早退休带来养老金水平相对不足与"退而不休"的两难矛盾。过早退休一定程度上会影响到当期养老金水平,根据课题组抽样调查数据,城镇职工平均养老金水平与工资收入水平呈现出明显的变动差异,40 岁以后工资收入随着年龄增加逐步下降,而养老金水平则逐步提高。这意味着,过早退休将面临一个更高

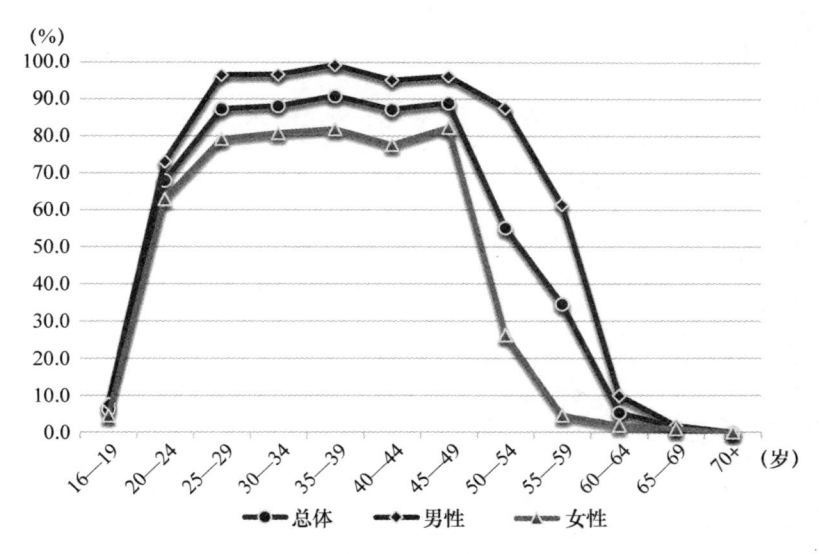

图 5-11　上海城镇劳动参与率变化特征

资料来源：根据中国社会科学院人口与劳动经济研究所于 2016 年组织实施的第四轮城市劳动力调查数据整理得到。

的放弃就业收入的机会成本，过早退休获得的养老金收入并不足以补偿劳动力市场的就业收入。上海的劳动力市场平均工资水平相对更高，提前退休带来的机会成本更大。抽样调查显示，2016 年上海平均养老金水平为 3547 元/月，其中，男性和女性分别为 4019 元/月和 3206 元/月。尽管绝对养老金水平高于其他几个城市，但是由于平均工资收入同样更高，养老金收入替代率反而更低，上海平均养老金收入替代率仅为 42.1%，沈阳、武汉、广州、西安都超过 60%，这意味着过早退休而放弃就业收入的机会成本相对更高。

面对较高的市场工资性收入和养老金相对不足的问题，劳动者面临的选择是直接降低生活标准或者

"退而不休"继续工作以获得收入补偿,若选择一边领取养老金一边继续工作,养老金又将发挥工资补偿的效应,降低退休人员的保留工资水平,进而影响劳动力市场工资机制,造成劳动力市场扭曲,同时也带来退休人员的劳动合同和社会保险关系问题。

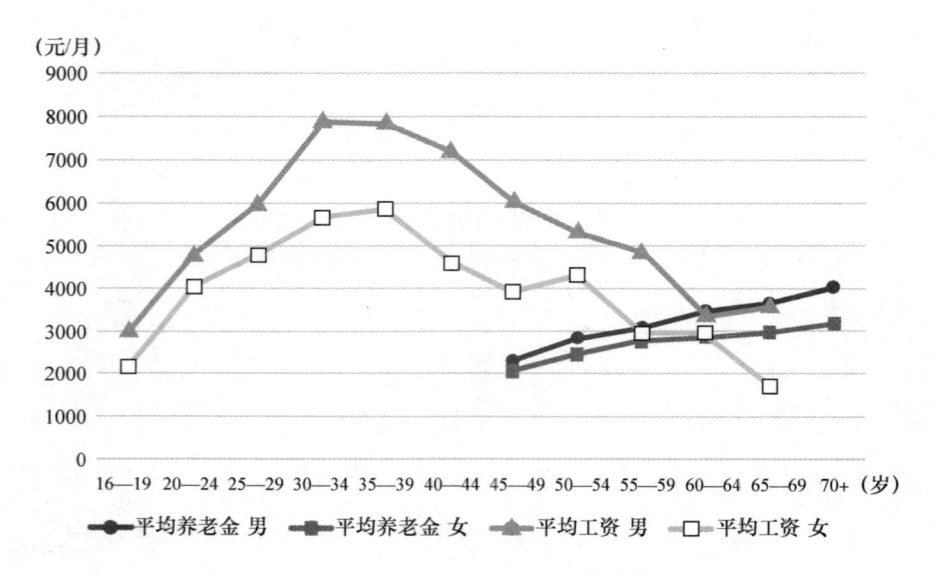

图 5-12 城镇职工平均工资与养老金水平比较

资料来源:根据中国社会科学院人口与劳动经济研究所于 2016 年组织实施的第四轮城市劳动力调查数据整理得到。

表 5-2　　　　上海与主要城市城镇职工平均养老金水平

	平均养老金水平(元)			平均养老金替代率(%)		
	男	女	总体	男	女	总体
上海	4019	3206	3547	47.7	38.0	42.1
沈阳	2929	2118	2396	76.4	55.2	62.5
福州	3491	2300	2817	63.2	41.7	51.0

续表

	平均养老金水平（元）			平均养老金替代率（%）		
	男	女	总体	男	女	总体
武汉	3048	2422	2690	74.5	59.2	65.8
广州	3975	3335	3593	67.1	56.3	60.6
西安	3601	2701	3054	79.3	59.5	67.2
总体	3662	2853	3181	61.3	48.4	53.6

资料来源：根据中国社会科学院人口与劳动经济研究所于2016年组织实施的第四轮城市劳动力调查数据整理得到。

3. 社保体系发展不平衡，劳动力市场一体化进程受阻

城镇本地人口与流动人口之间的社会保障水平仍然存在较大差异。尽管制度层面已经将流动人口纳入到城镇本地社会保障体系之中，但社保体系尚未实现城乡之间和区域之间的统筹，社保账户与权益的可携带性与劳动力自由流动存在矛盾，城镇本地人口与流动人口之间的社保发展不平衡既是制度分割造成的结果，也较大程度上影响劳动力市场一体化和充分自由流动，从而长期阻碍社保制度的平衡发展。课题组抽样调查显示，上海城镇本地人口的城镇职工养老保险覆盖率接近90%，外地城镇户口的流动人口参保率相对较低，但也达到80%左右，外地农业户口的流动人口即农民工的参保率不到50%，其中，男性和女性参保率分别为47.3%和35.8%，其他主要社会保障项目

也呈现类似特征，农村流动人口的覆盖率都大幅低于城镇本地人口。社保水平的差异较大程度上阻碍流动人口融入城市，不利于流动人口的就业质量提升，长期也不利于劳动力市场的稳定性。尽管社保体系分割与不平衡发展是全国普遍性现象，但上海作为流动人口最集中的城市，城市劳动力市场和经济发展将承受社保体系不平衡更大影响。

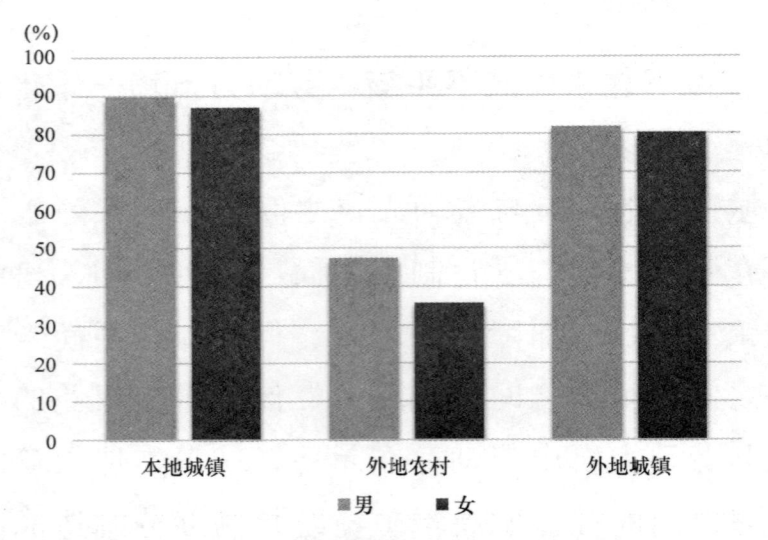

图 5 - 13　上海不同群体城镇职工养老保险参保率对比

资料来源：根据中国社会科学院人口与劳动经济研究所于2016年组织实施的第四轮城市劳动力调查数据整理得到。

表 5 - 3　　　　上海不同群体主要社会保障项目覆盖率对比（%）

	本地城镇		外地农村		外地城镇	
	男	女	男	女	男	女
全部医疗保险	93.1	91.4	85.8	80.5	88.0	87.1
城镇职工医疗保险	76.6	74.2	38.7	29.6	71.7	69.6

续表

	本地城镇		外地农村		外地城镇	
	男	女	男	女	男	女
失业保险	69.2	60.7	39.3	26.5	64.6	63.4
工伤保险	67.3	58.3	44.7	29.8	69.6	65.4
生育保险	55.7	53.6	26.6	23.4	53.7	60.5
住房公积金	63.3	55.2	29.9	19.6	61.3	52.0

资料来源：根据中国社会科学院人口与劳动经济研究所于2016年组织实施的第四轮城市劳动力调查数据整理得到。

行业和职业之间同样存在社保发展的不平衡，不利于人力资源在不同行业和部门之间的有效配置。抽样调查显示，公共部门和准公共部门（如公共管理、社会保障和社会组织、科学研究和技术服务业、卫生和社会工作、水利、环境和公共设施等）以及制造业、电力、热力、燃气及水生产和供应业等行业的社会保障水平相对较高，城镇职工养老保险覆盖率基本都达到90%以上，而农林牧渔业、批发和零售业、住宿和餐饮业、建筑业等生产经营规模较小、灵活性就业较多的行业社会保障覆盖率明显较低，城镇职工养老保险覆盖率基本都在70%以下。不同职业也呈现出差异特征，管理人员、专业技术人员以及办事人员参加城镇职工养老保险的比例达到90%以上，而操作工人的参保率仅有70%左右，服务人员的参保率更低。其中，女性服务人员的参保率只有62%。社会保障水平的差异不仅体现在参保率方面,在参保缴费水平、保险待遇水平方面也存在明显差异,这种不平衡长期对于劳动力市场体系发育造成负面影响,既存在公平性问题,也造成经济效率损失。

表5-4　　　　上海不同行业城镇职工养老保险覆盖率对比(%)

	CULS 六城市		上海	
	男	女	男	女
农、林、牧、渔业	54.3	38.4	56.2	/
制造业	83.3	74.6	94.6	87.1
电力、热力、燃气及水生产和供应业	92.4	95.4	94.5	100.0
建筑业	56.5	73.5	70.2	78.0
批发和零售业	47.0	51.9	59.0	58.5
交通运输、仓储和邮政业	75.6	92.3	84.6	89.7
住宿和餐饮业	43.8	49.2	64.7	64.3
信息传输、软件和信息技术服务业	89.0	89.0	83.7	86.1
金融业	82.4	85.9	84.8	92.5
房地产业	85.3	84.1	85.9	89.1
租赁和商务服务业	66.8	81.1	82.8	86.8
科学研究和技术服务业	95.9	96.7	100.0	100.0
水利、环境和公共设施	89.2	87.8	95.4	81.7
居民服务、修理和其他服务	58.6	50.8	77.2	68.3
教育	85.2	85.6	92.1	94.5
卫生和社会工作	91.6	87.8	95.1	93.4
文化、体育和娱乐业	76.0	72.0	76.5	85.7
公共管理、社会保障和社会组织	92.2	89.9	96.4	92.9

资料来源:根据中国社会科学院人口与劳动经济研究所于2016年组织实施的第四轮城市劳动力调查数据整理得到。

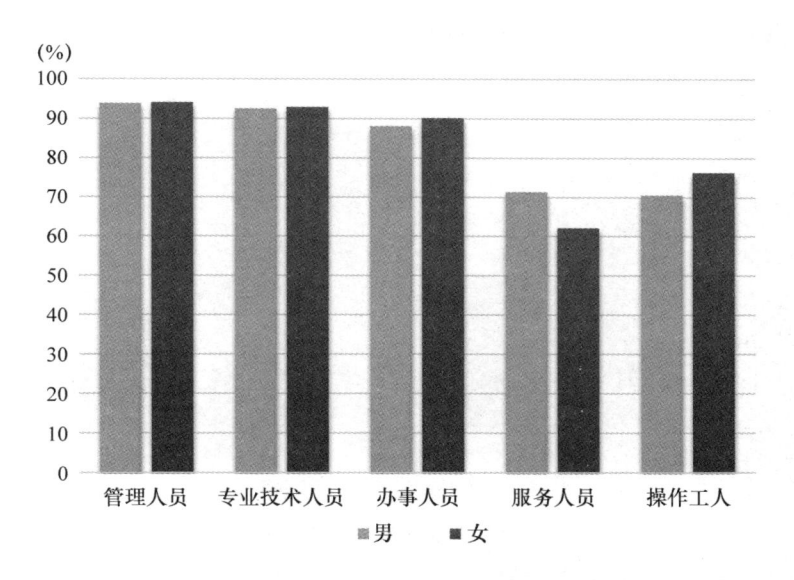

图 5-14　上海不同职业城镇职工养老保险参保率对比

资料来源：根据中国社会科学院人口与劳动经济研究所于 2016 年组织实施的第四轮城市劳动力调查数据整理得到。

社会保障发展不仅有利于劳动力市场正规化，也有助于缩小收入差距推动社会公平。一个成熟的社会保障制度在保障劳动者基本生活和就业权益的同时，有助于提高劳动者就业稳定性和人力资本水平，对于劳动力市场体系发育具有积极作用。同时，社保发展也能够发挥社会公平的作用，抽样调查显示，被社会保障覆盖之后的劳动者性别工资差距明显缩小，月工资收入性别差异从接近 1.4 下降到 1.2 以下，小时工资性别差异从约 1.3 下降到 1.15，社会保障制度通过促进劳动力市场正规化，有助于消除性别歧视，加强制度和管理规范化，从而促进性别平等。

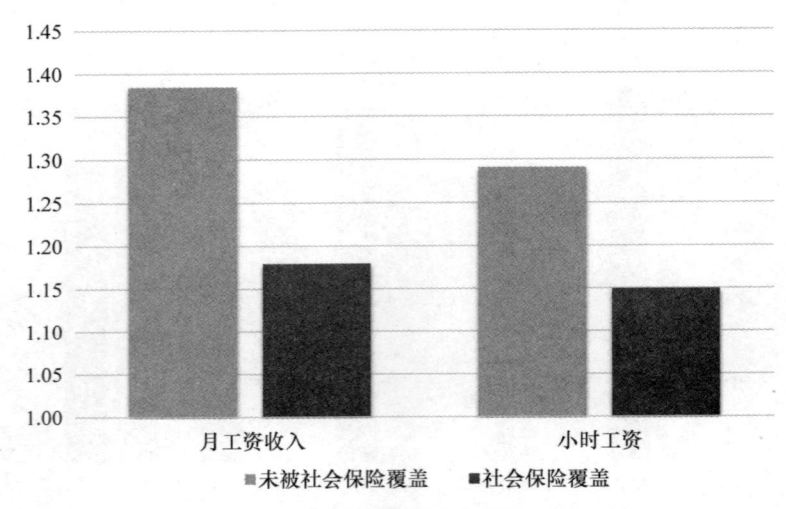

图 5 – 15　社会保险覆盖与工资收入性别差异

注：工资收入性别差异指男性平均工资收入与女性平均工资收入之比。

资料来源：根据中国社会科学院人口与劳动经济研究所于2016年组织实施的第四轮城市劳动力调查数据整理得到。

（三）促进流动人口融入的社会保障制度

近年来，上海基本公共服务均等化和社会保障体系加快发展，制度和政策逐步调整完善，但户籍政策和社会保障制度改革对于人力资源流入和劳动力市场发展仍然不够"友好"，本地人口与流动人口之间的社保制度存在显著差异，长期来看这将成为上海深化转型升级的阻碍。

1. 最低生活保障制度：有漏洞的社会托底

基本公共服务和社会保障体系是实现中央提出的

"社会政策要托底"的重要保障,目前社会托底仍然存在漏洞。最低生活保障制度作为社会托底最为关键的政策,全国总体覆盖面大约在5%左右,制度设计目标也是应保尽保,即所有收入水平在一定标准以下的家庭和人员都纳入保障体系中。但是,课题组2016年城市劳动力调查显示,上海最低生活保障的实际覆盖率不到2%,本地户籍人口实际覆盖率为1.7%,而外地户籍的流动人口目前完全被排斥在城镇社会救助体系之外,覆盖率几乎为零。流动人口中尤其是农村流动人口整体上分布在中低收入阶层,陷入贫困的风险更高,目前社会托底政策尚未真正意义上实现应保尽保、有效兜底,还有不少低收入和贫困家庭被社会

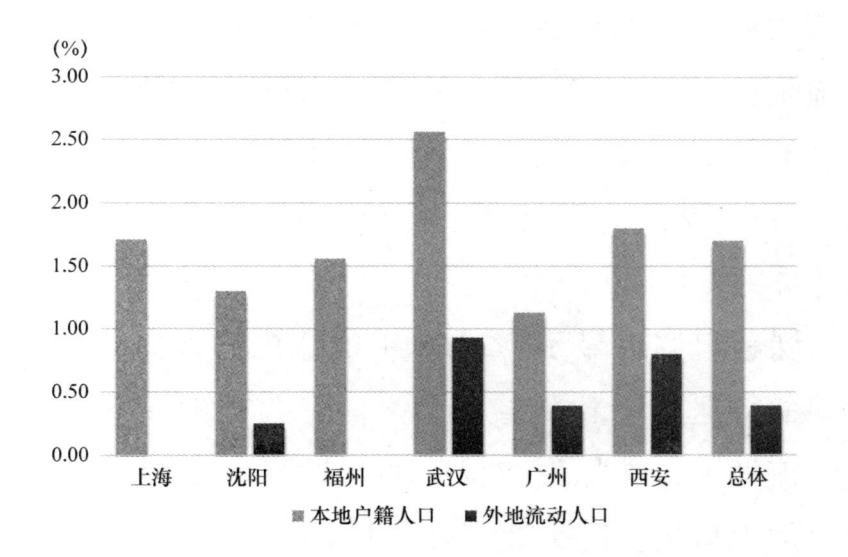

图5-16 上海与主要大城市最低生活保障制度的实际覆盖率

资料来源:根据中国社会科学院人口与劳动经济研究所于2016年组织实施的第四轮城市劳动力调查数据整理得到。

托底政策遗漏。社会托底政策体系顶层设计尚未有效突破户籍限制，上海也不例外，这与中央明确要求的"社会政策要托底"新思路新理念还有一定的距离。

2. 失业保险制度：有偏差的就业保护

失业保险制度作为应对经济冲击最直接的保护网，也是劳动力市场的重要保护手段。但是，目前失业保险的政策目标群体主要瞄准城镇本地户籍人口，本地失业人员通过失业登记办理享受失业津贴手续，而流动人口尽管也被要求参加失业保险，但实际上并不能通过失业登记系统享受失业待遇。失业保险存在"参保"与"受益"的巨大差异，统计显示，2015年年末全国失业保险参保人数已经达到1.7亿人，领取失业保险金的人数为227万人，仅有1.3%的参保人员实际享受到失业津贴待遇，而目前调查失业率已经达到5%，这意味着有很大部分失业群体并没有被纳入失业保险体系中。

课题组调查显示，2016年本地户籍人口参加失业保险的待遇享受比例接近6%，与调查失业率基本相当；流动人口参加失业保险的待遇享受比例不到2%，而流动人口的实际失业率并不只有2%。上海本地户籍人口参加失业保险的待遇享受比例为4.5%，而流动人口这一比例只有1%，流动人口在遭遇劳动力市场冲击或摩擦中没有得到良好的就业保护。在失业保险未能实现应保尽保的同时,失业保险基金存在大量结余和资金闲置,在五项基本社会保险中基金结余率最高。2015年全国失业保险基金收入1368亿元,基金支出仅有736亿元,基金结余率接近50%,累计结余已经突破5000亿元。上海更是如此,2015年失业保险基金累计结余达到217亿元,造成严重的资源闲置。造成这一尴尬局面的根源在于目前失业保险制度没有突破户籍制度、地区衔接等障碍,失业保险实际保障的对象并非是常住人口,而仅仅覆盖户籍人口,政策目标瞄准偏差导致社会托底政策扭曲。

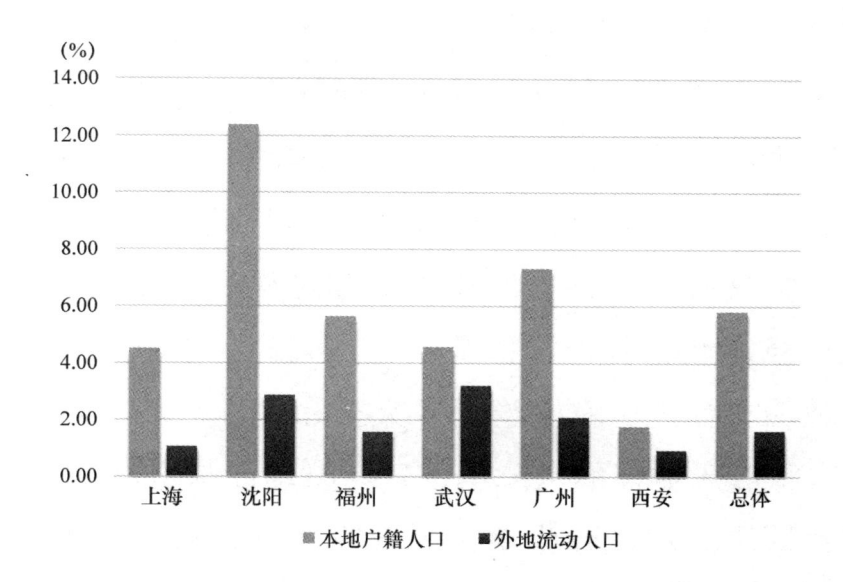

图 5-17 上海与主要城市失业保险参保人员实际待遇享受比例

资料来源:根据中国社会科学院人口与劳动经济研究所于2016年组织实施的第四轮城市劳动力调查数据整理得到。

3. 社会保险制度：逆向再分配效应

社会保障制度的基本目标是保障低收入弱势群体，但在当前政策背景下，中高收入群体受益更多。课题组抽样调查显示，低收入群体的各项社会保险制度参保率明显更低，相反高收入群体的参保率明显更高，五等分组中最高收入群体的职工养老保险参保率达到90%以上，而最低收入群体的养老保险参保率仅为65.8%，两个群体的职工医疗保险参保率分别为90.8%和64.9%，失业保险参保率分别为90.3%和51.3%，工伤保险参保率分别为89.4%和55.3%，住房公积金参保率分别为87.7%和37.7%，企业年金覆盖率分别为23.1%和5.2%。同样地，农村流动人口相对于城镇本地户籍人口、城镇流动人口，各项社会保险参保率明显更低。尽管从法律上城镇职工基本社会保险具有强制性，但政策实施过程中，低收入群体就业稳定性较差，非正规就业比重高，维权意识和能力较弱，社会保障权益更容易遭受侵害。

低收入群体的保障不足，同时却面临更高的风险。以健康和医疗风险为例，中低收入群体的健康状况更差，平均医疗费用支出更高，而相对于其较低的收入水平，医疗负担率要更高。调查显示，最低收入人群的医疗负担率（平均医疗费用/平均收入）为2.24%，而最高收入群体的医疗负担率仅为0.33%。显然，收入越高的人、保障水平越高，造成了低收入低保障、高收入高保障的矛盾格局。

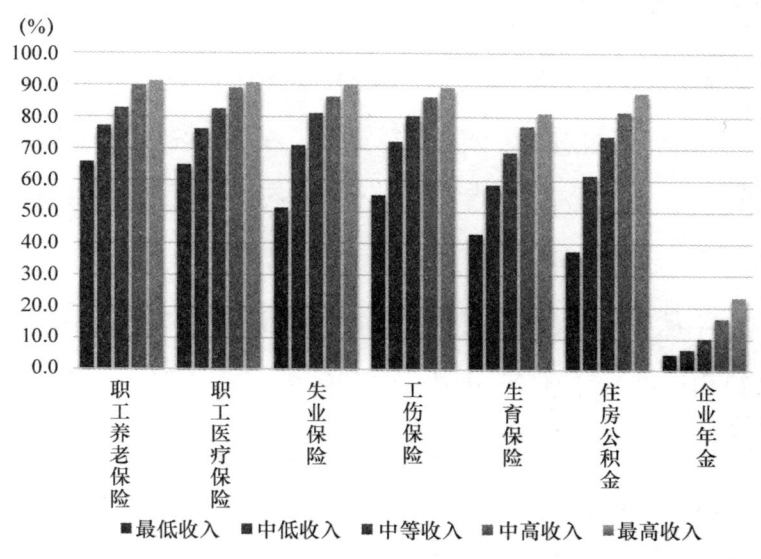

图 5-18 上海不同收入群体的社会保险覆盖率

资料来源：根据 CULS4 整理得到。

4. 最低工资制度：有遗漏的工资保障

最低工资制度是维护劳动力市场稳定健康发展的一项重要制度，旨在保护劳动力市场中最为脆弱的劳动者，确保一个底线的工资收入水平。尽管最低工资制度对于劳动力市场效率存在一定负面影响，但从劳动者健康长期可持续发展来看，合理的最低工资制度是必要的。中国劳动力市场仍然处在发展阶段，具有较强的灵活性，最低工资制度执行严格程度也有别于发达国家。课题组抽样调查显示，上海劳动者小时工资水平低于最低小时工资标准的比例接近9.2%，其中女性接近于10%，这意味着每10个劳动者中就有1个人的工资水平达不到最低工资标准。尤其，农村流动人口受到最低工资制度保护的力度相对更弱，15.6%的劳动者实际工资水平突破了最低工资标准的底线，其中，农村女性流动人口中20%左右并没有达到最低工资水平，意味着每5个人中就有1个人的工资水平低于最低工资标准。

不管从月最低工资标准（2016年上海最低工资标准为2190元），还是从小时工资标准（2016年上海最低小时工资标准折算为13.7元），从工资收入分布图来看仍然有一部分群体突破了最低工资底线，由于农村流动人口的工作时间明显更长，月工资水平低于最低月工资标准的情况并不像小时工资那样严峻。一个不争的事实是，尽管普通劳动者和农民工工资逐步增长，但目前最低工资制度在实际执行中仍然存在一定的群体遗漏，工资是最主要的收入来源，低收入群体的工资保障仍然值得关注。

表5-5 上海劳动者实际小时工资低于最低小时工资标准的比例（%）

	本地户籍人口	城镇流动人口	农村流动人口	总体
男	8.1	6.8	12.5	9.0
女	6.4	6.1	20.2	9.6
总体	7.4	6.5	15.6	9.2

资料来源：根据CULS4计算得到。

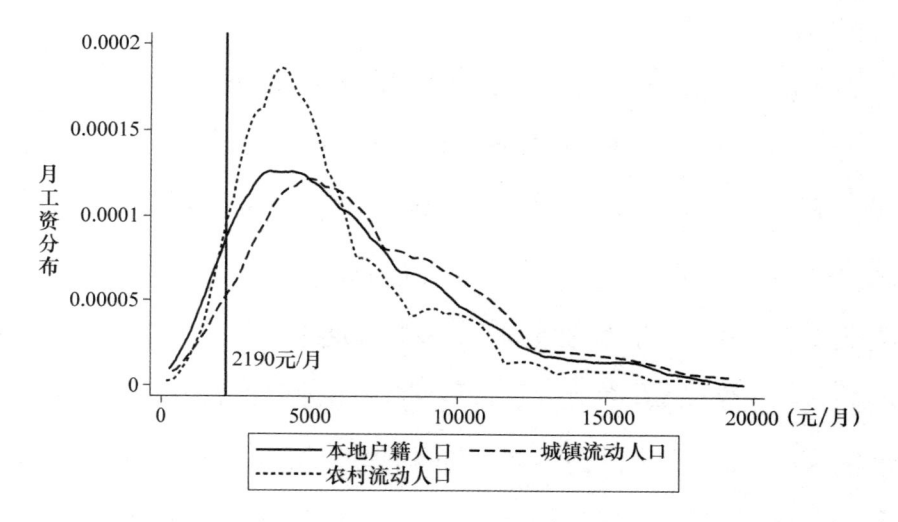

图 5-19 上海月工资分布与最低月工资标准

资料来源：根据 CULS4 计算得到。

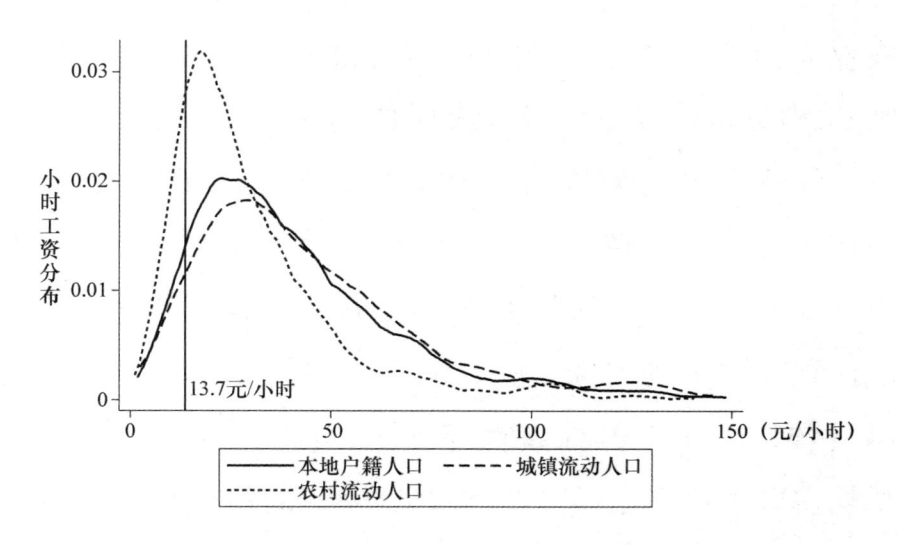

图 5-20 上海小时工资分布与最低工资标准

注：最低小时工资标准根据月工资标准 2190 元除以工作时间（每天工作 8 小时、每月工作 20 天计算），标准为 13.7 元/小时。

资料来源：根据 CULS4 计算得到。

5. 住房保障：供需不匹配的现实矛盾

住房问题成为特大城市居民最大压力，本地户籍居民的住房保障相对有力，流动人口的保障性住房供给存在较大缺口。特大城市高房价、高居住成本已经成为人才流入的重要阻碍，基本居住需求难以得到满足将会导致劳动力市场不稳定，长期来看会牺牲城市经济增长。根据课题组抽样调查显示，上海本地户籍人口的住房需求基本得到满足，大约50%的家庭购买商品房，另有约20%的家庭购买原公有住房，市场租房的比例只有7%，但与此形成较大反差的是，流动家庭仅有20%左右有条件购买自有住房，73.2%的流动家庭只能依靠市场租房解决居住问题。

住房支出成为流动人口家庭消费支出的主要构成，但通过市场租房降低了通勤成本，对于整个城市经济效率存在积极作用。根据抽样调查显示，城市流动人口家庭房租支出平均占到家庭总消费支出的19.0%，住房支出（包括房屋保养维修管理支出、住房按揭贷款支出）平均占到家庭总消费支出的26.5%，农村流动人口家庭住房支出占比更高，住房支出已经占到家庭总消费支出的1/3左右。居住成本居高不下将挤压流动人口生存空间，不利于他们在城市稳定居住和就业，对于整个城市发展也将带来持久负面影响。但从另一个角度来看，流动人口主要通过市场租房有利于解决职住分离问题，大幅度降低了通勤成本，本地户籍人口平均通勤时间（单程上班所需要时间）为42分钟，而城市流动人口平均通勤时间为33分钟，农村流动人口仅仅需要25分钟，通勤时间和成本大幅下降使得上海劳动力市场和城市经济效率从中受益，通过保障性住房补偿流动人口高额的住房成本也是理所当然的。

住房保障制度基本实现了本地户籍人口的居住兜底，但流动人口的基本居住需求尚未得到有效保障。根据调查显示，上海保障性住房制度大约覆盖了10%的本地户籍家庭，其中，以廉租房、公租房方式保障了9.1%的家庭，以经济适用房、两限房方式保障了1.2%的家庭，而流动人口家庭中仅仅有3%享受到了廉租房、公租房保障，低收入家庭中基本住房需求有待以保障性住房方式解决。

表5-6　　　　上海本地家庭与流动家庭的住房来源结构（%）

	本地户籍家庭	外地流动家庭	总体
购买商品房	50.1	21.2	39.2
购买原公有住房	19.2	1.1	12.4
市场租房	6.9	73.2	31.9
购买经济适用房、两限房	1.2	0.1	0.8
廉租房、公租房	9.1	2.9	6.7
单位提供的住房	2.1	0.4	1.5
其他	11.4	1.3	7.6

资料来源：根据CULS4计算得到。

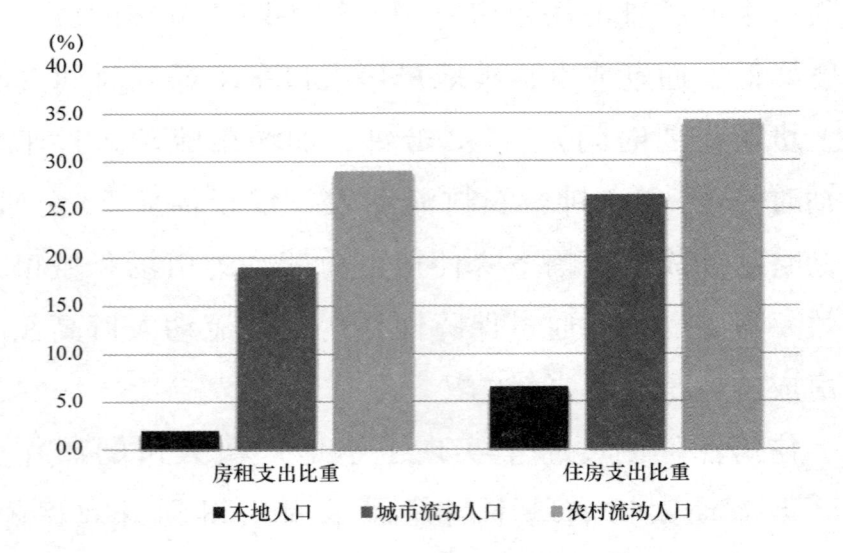

图 5 - 21　上海本地家庭与流动家庭住房支出占家庭消费支出比重

注：住房支出包括房租支出、房屋保养维修管理支出、住房按揭贷款支出。

资料来源：根据 CULS4 计算得到。

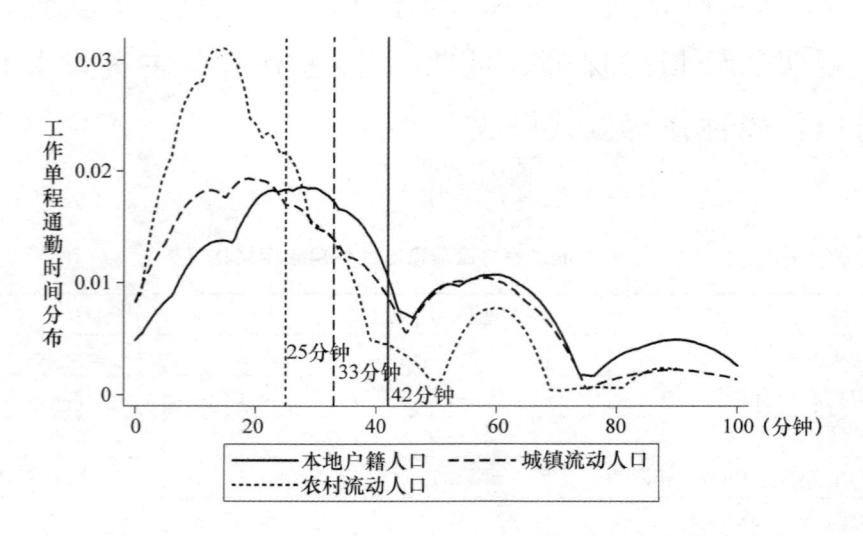

图 5 - 22　上海本地人口与流动人口工作通勤时间分布

资料来源：根据 CULS4 计算得到。

6. 子女教育：流动子女入学需求依然强烈

流动家庭子女教育的需求潜力仍然很大，也是城市公共服务体系改革发展的一大挑战。子女教育既关系到当前劳动力市场稳定，也事关未来劳动力高质量稳定供给和城市经济竞争力。上海市在流动人口子女教育改革方面做出了积极努力，遵循"两为主（以流入地为主、以公办学校为主）"基本原则，根据课题组抽样调查显示，城镇流动家庭和农村流动家庭的子女超过80%都能够进入公办学校接受教育，但不可否认的，流动人口家庭在子女入学的便利性、可获得性方面仍然存在困难，操作成本也很高，以至于仍然有很多家庭子女不得不选择留在原户籍地或其他地方入学，导致父母照料缺失、子女教育质量也无法保障，长期来看不利于流动人口稳定就业居住和子女人力资本投资。根据调查显示，目前上海流动人口家庭子女中，仍然有较大部分未能实现在上海本地接受教育，城镇流动人口家庭中有30%在原户籍地入学，农村流动人口家庭中有超过40%在原户籍地入学，这部分群体正是上海流动人口子女潜在教育需求，上海公共服务体系改革从短期或是长远考虑都应该为此做好充分准备。

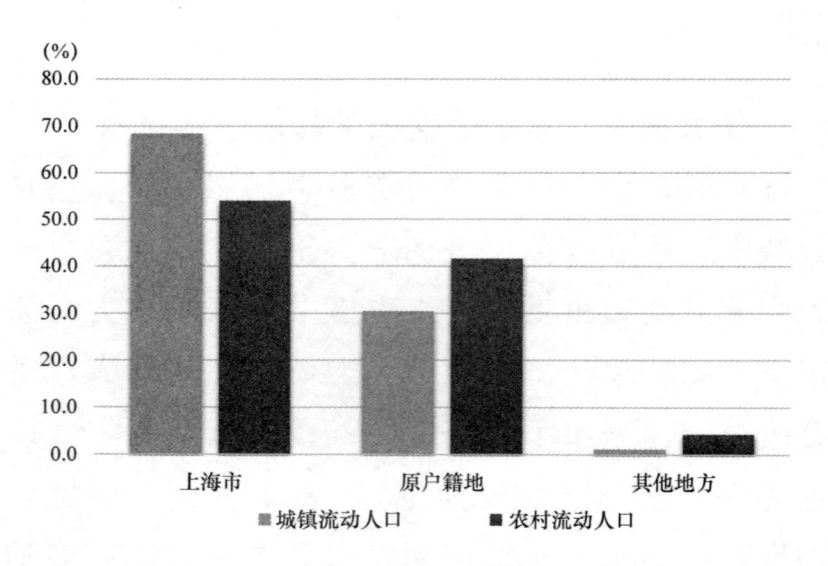

图 5-23 上海流动人口子女接受教育的地点分布

注：教育阶段包括幼儿园到高中。

资料来源：根据 CULS4 计算得到。

（四）完善公共服务与社会保障体系的政策建议

上海人口净迁入步伐放缓，人口总量趋于稳定，老龄化程度加深，社会保障负担加重，劳动力市场和经济发展面临前所未有的严峻挑战。灵活性与安全性统一的保障制度是实现上海继续转型升级的重要保障，其关键在于建立一个与经济发展相适应、与劳动力市场相协调的公共服务与社会保障体系，既能够发挥充足的生活保障功能，又能够鼓励有效率的劳动者积极流入并参与劳动力市场，为上海的转型升级提供关键的人力资源和生产率支撑，而保障体系改革成效根本上取决于上海在多大程度上继续发挥开放性和包容性的优势。

1. 建立与劳动力市场相协调的保障体系

与上海的转型升级相适应的保障体系不仅要强调安全性和社会托底功能，同样需要强调灵活性与效率改进，建立与劳动力市场协调的保障体系应该具备以下三个方面条件。一是以鼓励劳动参与为导向的保障制度。上海老龄化趋势不可逆转，新增人口与劳动力难以支撑经济增长，潜在劳动力挖掘是一个现实可行的途径，但需要改革当前养老和退休制度以及失业保险和低保制度，鼓励有条件、较高生产率的中老年人继续留在劳动力市场，延迟退休与弹性退休制度设计需要充分考虑劳动生产率差异，社会保障待遇调整需要与劳动力市场和经济发展阶段相符合。

二是以吸引新流入人口为导向的保障制度。上海户籍人口老龄化严重程度之深，已经无法依靠自身人口资源支撑转型升级，积极引入年轻、人力资本水平较高的人口是无法回避的途径。需要深化户籍制度改革和居住证制度，改变与户籍挂钩的社会保障和公共服务，通过更加包容的公共服务与社会保障制度吸引更广泛的人力资源流入，为转型升级注入活力和持久动力。

三是以提高生产率为导向的保障制度。社会保障制度与经济增长可持续的根源均来自不断提升的生产率,尤其是劳动者的生产率。一个良好的社会保障制度可以发挥生产要素的功能,养老、失业、低保等保障制度需要在发挥生活保障功能的基础上,进一步发挥人力资本再造和就业功能,相关制度应该与教育培训和再就业衔接,要从长远的眼光和代际的视角去审视公共服务与社会保障制度的构建。

2. 推动富有战略远见的户籍改革

第一,户籍改革要放眼未来,富有战略远见,定位于国际化上海大都市圈。城市持久竞争力根源于经济集聚,经济集聚本质上就是人口集聚,面对日益稀缺的劳动力资源,需要居安思危、审慎决策,重新审视"人口承载力"的概念,谨慎使用人口总量控制措施,更全面理解户籍改革成本与收益的内涵,鼓励人口流入的改革长远带来的经济收益远远超过短期带来的改革成本,特大城市未来的竞争格局很大程度上取决于今天的战略远见和雄伟气魄。上海在中国特大城市竞争中已经拔得头筹、占据先机,完全有条件继续向前跨越,发挥户籍改革的引领角色,进一步有序放宽落户限制,抓住改革的窗口期和红利期,率先将自身建设成为一个具有强大辐射力、创新力和可持续发展能力，彰显中华文明的全球城市。

第二，放松人口总量调控的约束性，增强城市人口总量变动的弹性。人口调控应该充分尊重客观经济规律和城市发展轨迹，2500万常住人口目标不宜作为一个完全刚性的约束性指标，建议作为一个城市发展的引导性指标。城市发展应该允许人口总量在更大范围内变动，变动的过程就是城市人口与经济、产业相互匹配适应的过程，是一个城市经济效率优化的过程，也是城市经济适应内外经济环境冲击的调整过程，未来十年将上海人口总量波动控制在2500万—3500万之间，并不必然对城市发展带来无法应对的冲击。

第三，适度扩大落户数量，逐步缩小常住人口城镇化与户籍人口城镇化差距。以更高质量的新型城镇化为方向确定未来落户数量，原则上新增落户指标不低于常住人口城镇化增速。积分制落户实施准入制，不以人口总量调控为由设置配额门槛，达到积分标准即可申请办理入户，截至2015年年底，全部110万人申请居住证中有30万人积分分值达到120分以上，但仅有2.6万人取得上海户口，这意味着即便达到积分入户标准的人也只有不到10%实现落户，常住流动人口中仅有0.3%的人实现落户。应该继续完善操作流程，简化审批手续，优先保障符合条件的人尽快实现落户。

3. 完善以人为本的居住证制度

第一，注重积分与贡献关联，但不宜过于功利化。居住证制度更加强调公民基本权利，坚持均等化和公平性原则，不宜直接将当前经济贡献直接与积分一一对应，例如社保缴费年限反映出在本地稳定就业年限，可以对应相符合的积分，但缴费基数和金额直接折算不同的积分过于功利，建议取消缴费基数对应的不同等级的积分，维护中低收入劳动者的尊严和权利。关于纳税额差异对应的积分也应该弱化，创造就业岗位吸纳本地就业应该不仅仅限于上海本地户籍人口，只要创造就业就应该视同为上海就业和经济作出贡献。根据国家人口政策调整改进或取消计划生育政策相关的惩罚性积分规则。积分政策应该更加具有包容性，体现共享发展基本理念和原则。

第二，理解移民的贡献和价值，增加稳定居住和工作年限的积分权重。流动人口在城市长期稳定居住和就业本身就带来一系列价值，提供劳动供给、扩大消费需求，其价值和贡献并非仅仅通过税收、缴费等显现指标体现，主要依靠这些指标反映其价值和积分存在片面性和偏差。综合来看，稳定居住时间和工作年限就是最有效的指标，应该进一步扩大这个关键指标权重，提高其相应计分标准，并且设定一个自动符合落户标准的上限阀门，例如在本地稳定居住和工作达到20年或者25年便可自动落户，而不论实际积分是否达到设定标准。

第三，关注新经济新就业变化，积分政策根据新现象动态调整。新经济、新就业不断涌现，而且创新活动更容易也首先出现在经济集聚的大城市中，当前经济和就业中出现的新现象代表着先进的生产力，为上海创新发展注入活力，但其就业更加灵活，组织方式更加多样化，不同于传统的经济和就业方式，传统的劳动合同和社会保险可能并不适用于这类群体，目前的积分制度对于这类群体显然是不利、不公平的。针对新经济和新就业，应该加强研究，尽快完善积分政策，鼓励和留住这类创新人才。

第四，赋予居住证更广泛的公共服务范围，逐步缩小与本地户籍之间的福利差距。在户籍制度短期无法取消或完全放开的情况下，以提高居住证"含金量"、逐步缩小与本地户籍之间的差距不失为推动公共服务均等化的一个务实途径。特大城市应该更加重视短期无法落户、持有居住证居民的公共服务和社会保障，努力做到居住证与本地户口基本无差异，一视同仁地提供基本公共服务和社会保障，将流动人口全部纳入本地城镇社会保障体系之中，从深圳的成功举措和上海曾经的曲折道路中汲取经验教训，更广泛、更包容的社会保障体系从长期来看必然是双赢的，既为城市劳动力供给提供了稳定保障，也为社会保障体系可持续奠定基础。从优先顺序来看，子女教育、住房购房、就业登记和失业保障、最低生活保障等应该得到保证，目前流动人口和家庭在子女教育上还有很大需求潜力，在保障性住房、失业保险、最低生活保障方面还有很大托底空间，不宜将这些公共服务作为排斥人口流入和人口调控的工具，否则改革和转型发展恐将陷入困境。

六 和谐的社会环境

——缩减上海市劳动力市场性别差异

（一）缩减劳动力市场性别差异的时代意义

党的十九大报告指出，就业是最大的民生，要坚持就业优先战略和积极就业政策，实现更高质量和更充分就业。伴随着中国经济发展进入新时代，为适应新的宏观经济趋势、实现高质量发展、应对人口结构变化对劳动力供给和劳动力成本带来的挑战以及劳动力市场的技能需求变化，应当高度重视提高劳动供给、提高对劳动者权益的保护、改善人力资本。要坚持实现充分就业和优化劳动力资源配置两大劳动力市场改革目标，让劳动力市场为经济发展和社会进步提供持续的动力（都阳，2016）。劳动力市场领域改革是供给侧结构性改革的重要组成部分，其中，缩减劳动力市场的性别差异对于提升劳动供给、实现更充分就业以及促进社会发展具有重要意义。

推动劳动力市场的性别平等包含三个重要命题。第一，鉴于男性劳动者和女性劳动者之间劳动参与的巨大差异，提高女性的劳动参与将是提升劳动供给的关键领域，需要准确地识别造成两性劳动参与差异的原因，有针对性地实施促进女性就业的计划（都阳、贾朋，2018）。第二，当前中国劳动力市场在工资、社会保险等诸多方面仍然存在较为明显的性别差异，缩减劳动力市场性别差异，对于实现更高质量就业、实现以人民为中心的发展思想具有重要意义。近年来，中国劳动力市场的性别平等取得了显著进展，女性的平等就业权利得到有效保障，女性劳动者的就业和创业得到大力推进，就业结构不断改善，社会保障水平不断提高（国务院新闻办公室，2015）。然而，女性劳动者在很多方面仍然处于不利地位。有研究显示，男女工资差距虽缩小，但女性工资水平仍普遍低于男性；女性就业压力更大，女性就业"两极化"和"非正规化"现象突出；女性流动人口的就业质量亟待提升（李小彤，2016）。工资、社会保险、劳动合同、劳动关系是就业质量的基本内容，是建设和谐社会的重要抓手，也是缩减劳动力市场性别差异的关键领域。第三，就社会发展层面而言，提高女性劳动参与、缩减劳动力市场性别差异是增强女性经济权利和促进社会发展的重要途径。联合国人类发展报告指出，就业对于女性的意义不仅在于获得收入，还在于提升了女性的能力，增强了其自主性，这些变化都有助于女性突破传统的社会性别规范，促进女性发展和解放（UNDP，2010，57-66）。尤其对于农村女性劳动者而言，"走出家庭、到城市打工"体现了女性的解放以及女性在生活和工作中的自主决定权，这些变化对于女性劳动者而言不仅具有经济效应，还具有重要的象征意义（Gaetano，2004；Beynon，2004；Lou et al.，2004）。

上海市是中国经济发展的标杆，上海经济率先实现转型升级的一个不可忽视的问题和领域是促进女性充分就业和高质量就业，缩减劳动力市场的性别差异。我们利用2016年开展的第四轮"中国城市劳动力调查"（China Urban Labor Survey，以下简称CULS）数据，分析上海市女性劳动者（16周岁及以上人口）就业的基本状况和特征，研究上海市劳动力市场的性别差异，并提出应当如何缩减这一差异。研究发现，上海市女性就业呈现出工资水平高、工作时间短、劳动合同签订率高、社会保险覆盖面广、行业分布相对高端、外资企业就业占比高、雇员化比例高、非正规就业比例低、工作满意度高等特征，上海市女性就业质量处于全面领先地位。然而，在上海市劳动力市场，女性与男性仍然具有一定的差异，主要表现为女性工资明显低于男性，女性社会保险的参与率相对男性较低。值得注意的是，劳动力市场的性别差异是复杂的，并不是"一边倒"式的女性普遍差于男性。上海市女性劳动者在劳动合同签订率方面与男性的差距已经非常小，在工作时间和工作满意度方面要优于男性。

上海市劳动力市场的性别差异主要体现在工资水平和社会保险参与情况两大方面，研究发现，受教育程度是影响上海市女性劳动者劳动力市场表现的重要因素，因此，加强人力资本投资、提高女性劳动者受教育程度，是提高女性工资水平和促进社会保险参与的根本途径。同时，年龄和户口性质也是影响上海市女性劳动者社会保险参与的重要因素，消除劳动力市场中的年龄和户籍歧视，能有效缩小劳动力市场的性别差异，促进和谐社会的建设。

在性别工资差异方面，上海市的性别工资差异相对较小，优于沈阳、福州、武汉和西安，但是性别工资差异高于广州，基于相关国际比较发现，与其他国家相比，上海市和中国整体的性别工资差距仍然较大。鉴于缩减劳动力市场的性别差距对于提升劳动供给、实现更充分和更高质量就业以及促进社会发展的重大意义上，上海经济在率先实现转型升级的进程中，需要重视劳动力市场的性别差距。我们建议，在教育、制度建设、舆论引导和社会保障四个领域积极作为以缩减上海市劳动力市场性别差距，要加强教育、重视制度建设以消除性别歧视和年龄歧视、加强舆论引导和建设以消除性别歧视和婚姻歧视、加强保障覆盖重视对外省市来沪女性劳动者的保护。

（二）上海市女性就业的特征

根据上海市统计局公布的 2017 年上海市国民经济运行情况报告，上海市全市常住人口为 2418.33 万人，从性别结构看，男性人口为 1232.38 万人，女性人口为 1185.95 万人，性别比为 103.9（以女性为 100）。从 2000 年上海市第五次全国人口普查和 2010 年上海市第六次全国人口普查数据看，上海市女性人口发展状况有较大变化。根据上海市统计局公布的上海女性人口发展状况及特征分析，外省市来沪女性人数的增加是上海市女性常住人口增加的主要来源，其中来沪务工经商、谋求自我发展的外来女性占比为 74.1%，比 2000 年上升了 10 个百分点。[①] 从年龄结构上看，中青年占女性总人口比重较大。与 2000 年相比，上海 15—64 岁女性比重由 74.8% 上升到 80.4%，由于外来

---

① 参见 http://www.stats-sh.gov.cn/html/fxbg/201111/236073.html。

青壮年女性的流入，上海女性劳动力资源明显增加。

高质量就业是和谐社会建设的重要内容。基于对CULS4数据的分析，上海市女性就业呈现出工资水平高、工作时间短、劳动合同签订率高、社会保险覆盖面广、行业分布相对高端、外资企业就业占比高、雇员化比例高、非正规就业比例低、工作满意度高等特征，显示出上海市女性就业质量的全面领先地位。这也为上海市的和谐社会建设，奠定了坚实的基础。

1. 工资水平高

上海市是中国经济最发达的地区之一，工资水平在全国处于领先地位。调查表明，上海市劳动者平均月工资为7623元，在全部被调查的六个城市（沈阳、上海、福州、武汉、广州、西安）中是最高的，比六城市平均水平（5346元）高出42.59%。从小时工资来看，上海市劳动者高工资的特征更为明显。上海市劳动者平均小时工资为41.58元，在全部被调查的六个城市中最高，比六城市平均水平（28.22元）高47.34%（见图6-1）。

就女性而言，上海市女性劳动者平均月工资为6422元，仍然是被调查城市中最高的，比六个城市女性劳动者的平均月工资（4437元）高出44.74%。上海市女性劳动者平均小时工资为35.72元，在被调查城市中也是最高，比六个城市女性小时工资的平均水平（23.88元）高49.58%（见图6-2）。而且，上海市女性劳动者月工资和小时工资高出六城市女性劳动者平均水平的幅度，也高于上海市全部劳动者月工资和小时工资，高出六城市全部劳动者平均水平的幅度，并分别高出2.15个百分点和2.24个百分点。

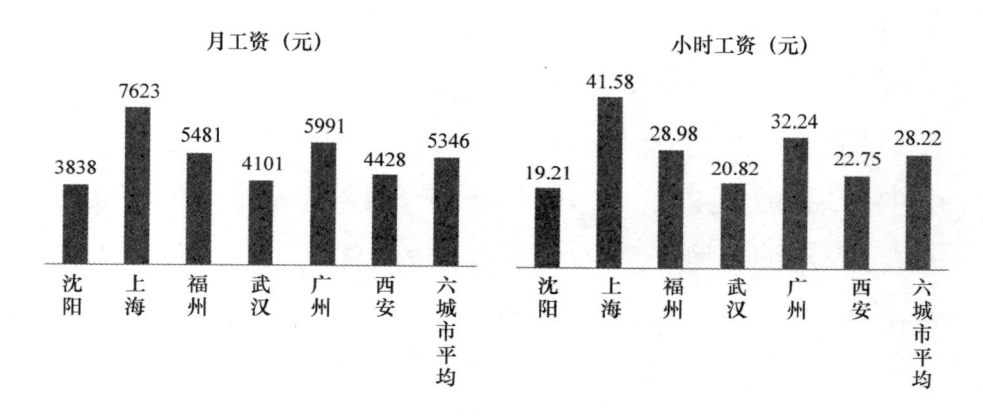

图6-1 上海市劳动者月工资和小时工资与其他城市的比较（2016）
资料来源：根据CULS4计算得到。

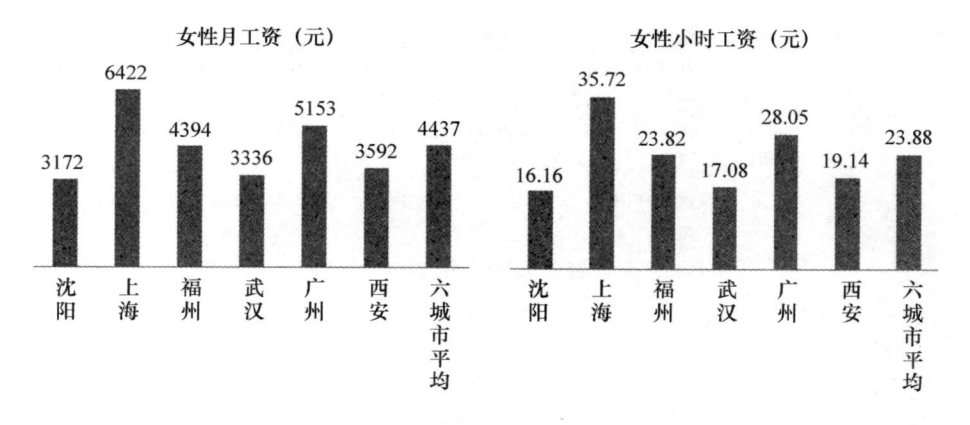

图6-2 上海市女性劳动者月工资和小时工资与其他城市的比较（2016）
资料来源：根据CULS4计算得到。

2. 工作时间短

劳动者工作时间的长短是衡量经济发展程度的一个重要指标。通常经济发展程度越高,劳动者的工作时间越短。数据显示,上海市劳动者的工作时间显著低于其他城市。上海市劳动者平均周工作时间为46.27小时,在被调查的六个城市中是最低的,比六个城市平均水平(48.76小时)低5.11%。上海市女性劳动者平均周工作时间为44.92小时,在被调查的六个城市中也是最低的,比六个城市女性劳动者平均水平(47.50小时)低5.43%(见图6-3)。可见,上海市女性劳动者的工作时间相对更短。

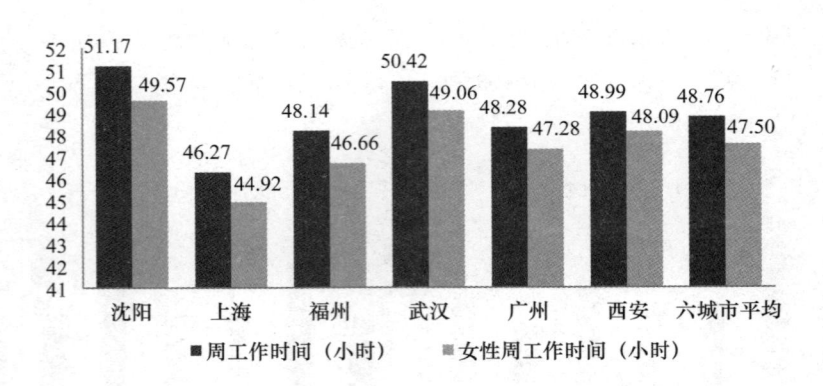

城市	周工作时间(小时)	女性周工作时间(小时)
沈阳	51.17	49.57
上海	46.27	44.92
福州	48.14	46.66
武汉	50.42	49.06
广州	48.28	47.28
西安	48.99	48.09
六城市平均	48.76	47.50

图6-3 上海市劳动者周工作时间与其他城市的比较(2016)
资料来源:根据CULS4计算得到。

与工作时间短相对应的是,上海市劳动者超时工作的比例较低。根据1995年3月颁布的《国务院关于职工工作时间的规定》，中华人民共和国境内的国家机关、社会团体、企事业单位以及其他组织的职工，每日工作8小时、每周工作40小时。因此，当劳动者每周工作时间超过40小时，可视为超时工作。调查显示，上海市劳动者中超时工作的比例为34.42%，是所有被调查城市中超时工作占比最低的，比六个城市平均水平（48.53%）低14.11个百分点。上海市女性劳动者超时工作的比例更低，只有28.24%，不仅是所有被调查城市中最低的，更比六个城市平均水平（44.50%）低16.26个百分点（见表6-1）。

表6-1 上海市劳动者超时工作情况及与其他城市的比较（%）

城市	全部劳动者		女性劳动者	
	是	否	是	否
沈阳	56.15	43.85	54.98	45.02
上海	34.42	65.58	28.24	71.76
福州	46.60	53.40	39.69	60.31
武汉	59.37	40.63	56.58	43.42
广州	48.35	51.65	42.83	57.17
西安	48.57	51.43	47.84	52.16
合计	48.53	51.47	44.50	55.50

资料来源：根据CULS4计算得到。

3. 劳动合同签订率高

与用人单位签订劳动合同是国家法律赋予劳动者

的一项重要权利。《中华人民共和国劳动合同法》规定，用人单位与劳动者建立劳动关系，应当订立书面劳动合同。调查显示，上海市劳动者签订劳动合同的比例较高，达到89.91%，在被调查的六个城市中是最高的，高出六个城市平均水平（75.56%）14.35个百分点。上海市女性劳动者劳动合同签订率为89.54%，也是被调查城市中最高的，比六个城市女性劳动者签署劳动合同的平均水平（75.16%）高出14.38个百分点（见图6-4）。

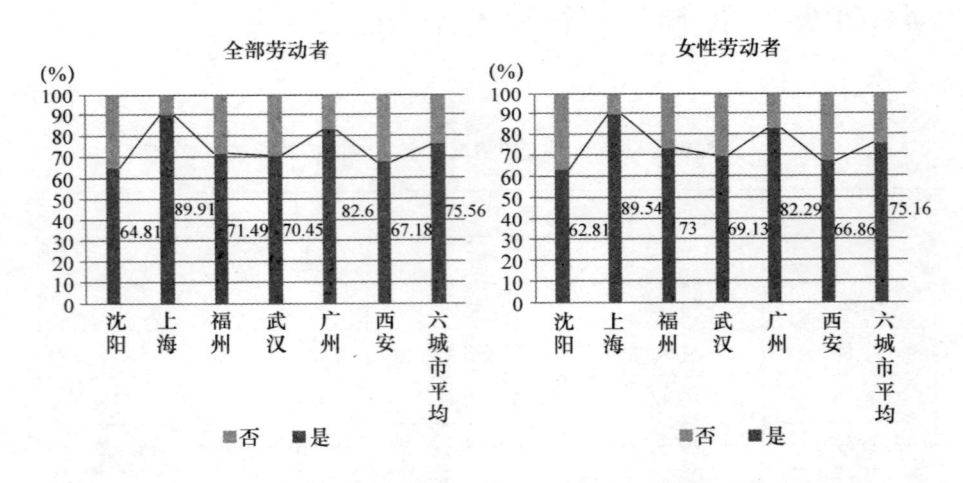

图6-4 上海市劳动者劳动合同签订情况及与其他城市的比较（2016）
资料来源：根据CULS4计算得到。

4. 社会保险覆盖面广

参加社会保险是劳动者的法定福利。《中华人民共和国社会保险法》规定，国家建立基本养老保险、基本医疗保险、工伤保险、失业保险、生育保险等社会保险制度，保障公民在年老、疾病、工伤、失业、生育等情况下依法从国家和社会获得物质帮助的权利；中华人民共和国境内的用人单位和个人依法缴纳社会保险费，有权查询缴费记录、个人权益记录，要求社会保险经办机构提供社会保险咨询等相关服务；个人依法享受社会保险待遇，有权监督本单位为其缴费情况。

调查显示，上海市劳动者参加社会保险的比例相对较高，其中，参加养老保险（76.14%）、医疗保险（72.54%）、失业保险（57.33%）、工伤保险（57.55%）和生育保险（48.51%）的比例，在六个被调查城市中都是最高的，分别高出六个城市平均水平 13.04、13.49、17.79、18.28 和 14.37 个百分点。从女性劳动者的比较来看，上海市女性劳动者参加养老保险的比例为 74.03%，参加医疗保险的比例为 70.11%，参加失业保险的比例为 53.55%，参加工伤保险的比例为 53.17%，参加生育保险的比例为 48.28%，上述各项参保率在所有被调查城市中均是最高的，比六个城市女性平均水平分别高出 12.88、13.07、17.34、17.67 和 14.96 个百分点（见表 6-2）。

表6-2　　上海市劳动者参加社会保险情况及与其他城市的比较（%）

城市	全部劳动者					女性劳动者				
	养老保险	医疗保险	失业保险	工伤保险	生育保险	养老保险	医疗保险	失业保险	工伤保险	生育保险
沈阳	58.17	55.54	31.69	29.64	25.43	58.92	56.21	28.76	26.45	24.75
上海	76.14	72.54	57.33	57.55	48.51	74.03	70.11	53.55	53.17	48.28
福州	59.87	53.93	38.11	38.11	33.45	56.21	51.41	33.80	33.62	32.11
武汉	60.37	56.59	27.94	27.67	21.91	59.13	54.67	24.58	23.95	20.84
广州	60.59	56.64	44.62	45.03	42.27	58.41	54.61	42.07	42.23	41.67
西安	60.49	56.03	32.35	32.05	28.34	57.52	52.54	29.39	28.13	27.34
合计	63.10	59.05	39.54	39.27	34.14	61.15	57.04	36.21	35.50	33.32

资料来源：根据第四轮中国城市劳动力调查（2016）数据计算得到。

5. 行业分布相对高端

从劳动者的行业分布来看，上海市与被调查城市总体基本一致，较为明显的差异主要是：信息传输、软件和信息技术服务业从业人员的占比（7.52%）较高，比六个城市平均水平（5.04%）高2.48个百分点；批发和零售业从业人员的占比（14.37%）较低，比六个城市平均水平（20.28%）低5.91个百分点。从女性劳动者的行业分布来看，上海市女性劳动者在信息传输、软件和信息技术服务业（6.07%）、制造业（11.43%）就业的比例相对较高，分别高出六个城市平均水平2.47个百分点和2.31个百分点；在批发和零售业就业的比例（17.14%）相对较低，低于六个城市平均水平（25.73%）8.59个百分点。这表明，上海市劳动者相对集中在高端行业就业。

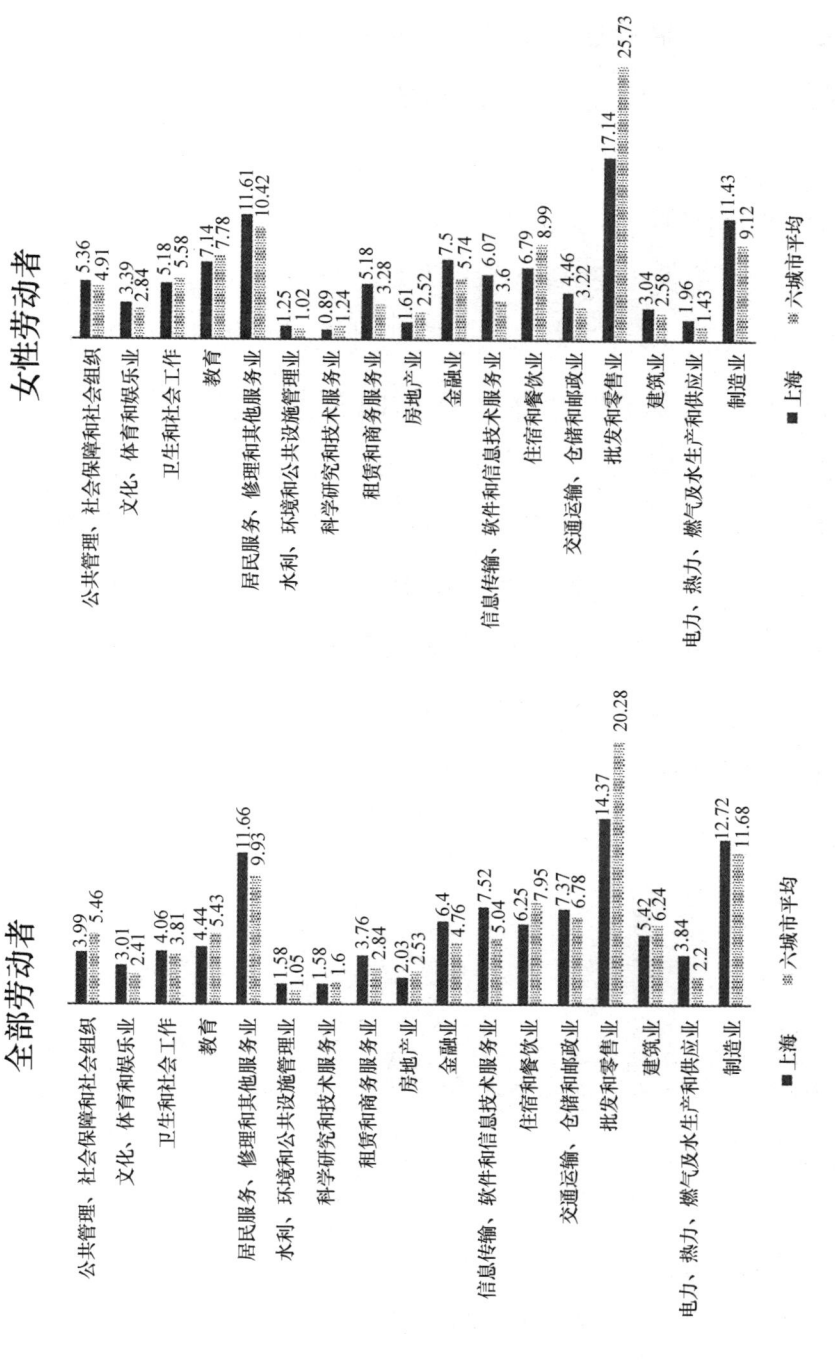

图 6-5 上海市劳动者行业分布情况及与其他城市的比较

资料来源：根据 CULS4 计算得到。

6. 外资企业就业占比高、非正规就业占比低

在外资企业就业的比例高是上海市劳动者就业的鲜明特征。从单位类型分布来看，上海市劳动者在外资企业就业的比例（11.36%）明显较高，高出六个城市平均水平（4.29%）达7.07个百分点；而个体工商户的比例（14.82%）较低，比六个城市平均水平（20.83%）低6.01个百分点；而在其他类型单位就业的比例差别不是太大。上海市女性劳动者单位类型分布与上述特点基本一致，但表现得更为明显。上海市女性劳动者在外资企业就业的比例为13.04%，比六个城市平均水平（4.81%）高8.23个百分点；上海女性劳动者个体工商户的比例为14.29%，低于六个城市平均水平（20.69%）6.4个百分点（见图6-6）。

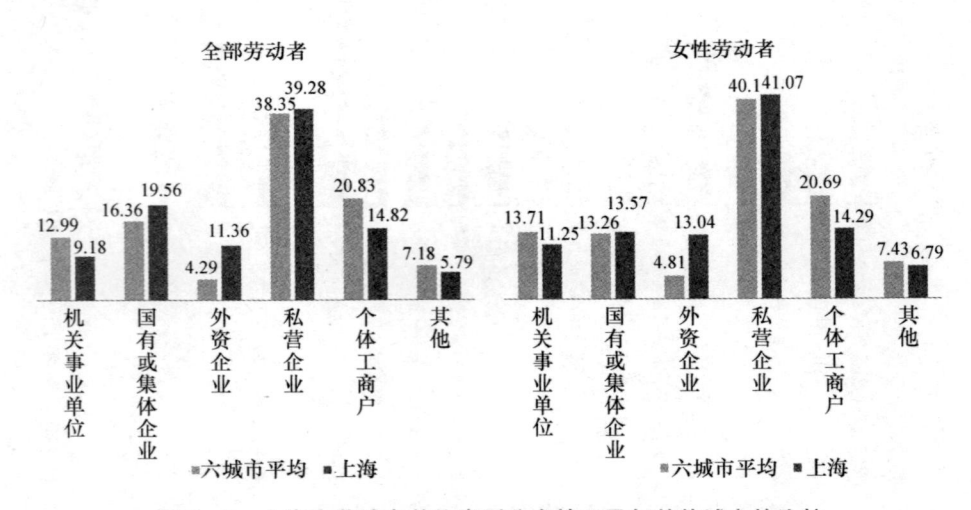

图6-6 上海市劳动者单位类型分布情况及与其他城市的比较

资料来源：根据CULS4计算得到。

7. 雇员化比例高、非正规就业比例低

在中国的劳动统计中，就业身份大体划分为雇员、雇主、自营劳动者、家庭帮工四个类型。雇员包括单位就业人员、私营企业雇工、个体工商户雇工；雇主指私营企业雇主、个体工商户雇主；自营劳动者是指自我经营者和自由职业者；家庭帮工是指在家庭户中工作的家庭成员。在雇员、雇主、自营劳动者和家庭帮工四个就业类型中，上海市劳动者作为雇员的比例较高，达到80.29%，比六个城市平均水平（75.29%）高出5个百分点；而作为自营劳动者和家庭帮工的比例明显低于六个城市平均水平。同样，上海市女性劳动者就业类型分布，也表现出同样的规律，即雇员的比例（82.86%）较高，高出六个城市平均水平（78.76%）4.1个百分点，而作为自营劳动者和家庭帮工的女性劳动者占比，也明显低于六个城市平均水平（见表6-3）。这说明，上海市全部劳动者和女性劳动者的雇员化比例都比较高。由于自营劳动者和家庭帮工，通常被视为非正规就业，因此，也可以说，上海市全部劳动者和女性劳动者就业的非正规化程度较低。

表6-3　　　　上海市劳动者就业类型分布及与其他城市的比较（%）

	全部劳动者		女性劳动者	
	六城市平均	上海	六城市平均	上海
雇员	75.29	80.29	78.76	82.86
雇主	17.88	15.35	15.11	13.39
自营劳动者	6.34	4.21	5.20	3.57
家庭帮工	0.50	0.15	0.92	0.18

资料来源：根据CULS4计算得到。

8. 工作满意度高

"中国城市劳动力调查（2016）"还询问了劳动者的工作满意度，分别用非常满意、满意、一般、不太满意和非常不满意这五个类别来表示。分析显示，上海市劳动者的工作满意度相对较高，满意和非常满意的比例达到65.36%，比六个城市平均水平（56.30%）高9.06个百分点。上海女性劳动者的工作满意度也相对较高，满意和非常满意的比例达到66.06%，比六个城市平均水平（55.69%）高10.37个百分点（见图6-7）。工作满意度往往是幸福度的代理变量，较高的工作满意度意味着上海的全部劳动者和女性劳动者的幸福程度较其他城市更高。

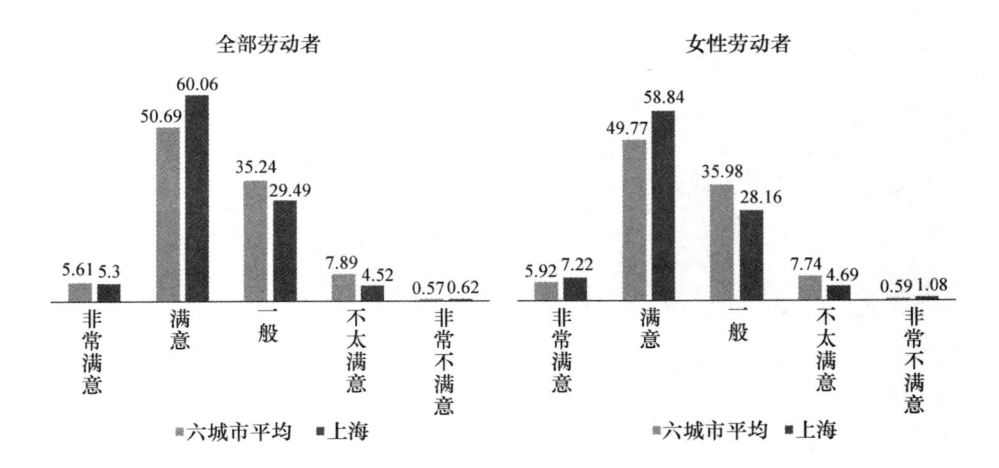

图 6-7 上海市劳动者工作满意度及与其他城市的比较

资料来源：根据 CULS4 计算得到。

（三）上海市劳动力市场的性别差异

前文的分析表明，上海市女性劳动者的劳动力市场表现和劳动者权益居于全面领先地位。但是，进一步的分析表明，在上海市劳动力市场内部，女性劳动者与男性相比仍然具有较大差异，主要表现为女性工资明显低于男性，女性社会保险的参与率相对男性较低。

1. 性别工资差异大

无论是在上海还是另外五个城市，女性劳动者的工资水平（包括平均月工资和小时工资）均低于男性，收入的性别差异较为明显。跨城市比较发现，上海女性的工资水平远高于其他五个城市女性的平均工资水平，也高于整体合计男性的平均月工资水平。尽管上海女性的平均工资水平明显优于六个城市女性的平均工资水平，上海男性和女性之间的性别工资差异仍然较为显著。调查数据显示，从月工资来看，上海市男性月平均工资为8502.47元，而女性月平均工资只有6422.09元，男性为女性的1.32倍；从小时工资来看，上海市男性劳动者小时工资为45.87元，女性劳动者为35.72元，男性为女性的1.28倍。上海市男性和女性的月工资差别，虽然低于被调查城市平均水平，也低于沈阳、福州、武汉和西安，但上海的月工资性别差异高于广州的差异水平（见表6-4）。

表6-4　　上海市分性别劳动者工资水平与性别工资差距

	月工资（元/月）			小时工资（元/小时）			性别工资差距（%）
	男性	女性	男/女	男性	女性	男/女	女性平均小时工资低于男性的百分比
沈阳	4350.56	3172.08	1.37	21.54	16.16	1.33	24.98
上海	8502.47	6422.09	1.32	45.87	35.72	1.28	22.13
福州	6266.76	4393.93	1.43	32.70	23.82	1.37	27.16
武汉	4676.56	3335.96	1.40	23.63	17.08	1.38	27.72
广州	6612.40	5153.09	1.28	35.32	28.05	1.26	20.58
西安	4999.47	3592.12	1.39	25.21	19.14	1.32	24.08
合计	6013.02	4436.76	1.36	31.39	23.88	1.31	23.92

资料来源：根据CULS4计算得到。

在国际上，通常用女性劳动者平均小时工资低于男性劳动者平均小时工资的百分比，来表示性别工资差距（gender pay gap）。计算表明，上海市性别工资差距为22.13%，全部被调查城市的性别工资差距为23.92%。对六个城市比较发现，上海市的性别工资差距相对较小，优于沈阳、福州、武汉和西安，但是性别工资差距高于广州。而相关国际比较发现，上海的性别工资差距仍然较大。

根据国际劳工组织公布的2016年分性别工资差距数据，与其他国家相比，上海市和中国整体的性别工资差距仍然较大。与有性别工资差距统计数据的10多个国家相比，中国的性别工资差距是最高的；上海市的性别工资差距高于越南、冰岛、芬兰、埃及、乌克兰、葡萄牙、巴基斯坦、马来西亚等国家，低于捷克和斯洛伐克这两个东欧转型经济体（见图6-8）。可见，较大的性别工资差距，仍然是上海市和中国面临的劳动力市场重要挑战之一。

2. 女性社会保险覆盖率较低

参加社会保险是所有劳动者的法定权益，不因性别而有制度性差异。调查却表明，无论是上海还是被调查的其他城市，女性劳动者参加各项社会保险的比例均低于男性。虽然上海市女性劳动者参加各项社会

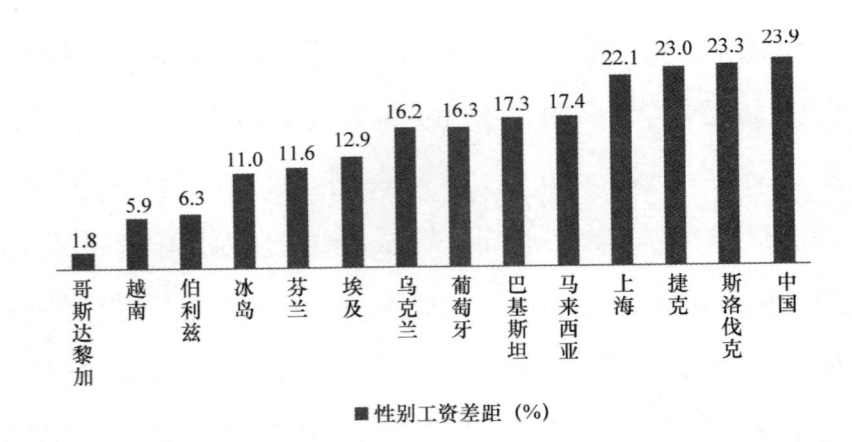

图 6-8　上海市和中国的性别工资差距与相关国家的比较

注：上海市和中国的性别工资差距是根据"中国城市劳动力调查（2016）"计算得到，中国以被调查的六个城市为代表；其他国家的性别工资差距是根据国际劳工组织数据库"2016 年分性别工资数据"计算得到（http://www.ilo.org/global/statistics-and-databases/lang--en/index.htm）。在该数据库中，由于绝大部分国家 2016 年的性别工资差距数据缺失，所以无法一一列出。

保险的比例相对其他城市较高，但跟上海市的男性劳动者相比，则明显处于劣势。上海市女性劳动者参加养老保险（74.03%）、医疗保险（70.11%）、失业保险（53.55%）、工伤保险（53.17%）和生育保险（48.28%）的比例，分别比男性低 4.34、4.97、7.75、8.98 和 0.48 个百分点，这反映出上海市女性在社会保险参与方面的不利地位（见图 6-9）。

3. 女性劳动合同签订率略低

从劳动合同的签订来看，上海市女性劳动者的劳动合同签订率略低于男性，这与全部被调查城市的情

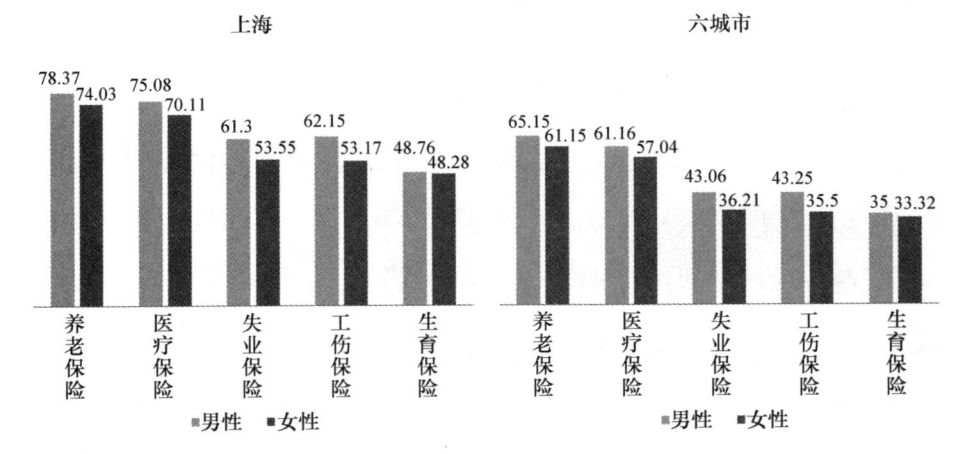

东部地区率先转型升级的劳动力市场条件研究

图6-9 上海市社会保险覆盖率的性别差异及与其他城市的比较

资料来源：根据CULS4计算得到。

况类似。上海市女性劳动者劳动合同签订率较高，达到89.54%；而男性劳动者签订劳动合同的比例更高，达到90.18%，比女性高0.64个百分点。从全部被调查的六个城市的平均水平看，女性劳动者劳动合同签订率为75.16%，也略低于男性（75.88%），低了0.72个百分点（见图6-10）。

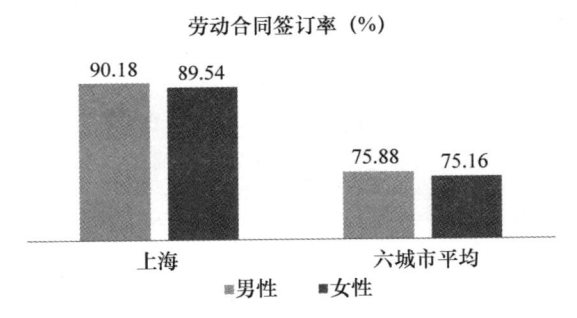

图6-10 上海市劳动者劳动合同签订率的性别差异及与其他城市的比较

资料来源：根据CULS4计算得到。

4. 女性在工作时间方面优于男性

在工作时间方面，女性劳动者显著优于男性。上海市女性劳动者周工作时间为44.92小时，比男性（47.24小时）低4.91%。在全部被调查城市中，也是女性劳动者的周工作时间（47.50小时）低于男性（49.68小时）。从每周工作时间超过40小时即超时工作者的比例来看，女性劳动者也是优于男性。上海市女性劳动者超时工作者的比例为28.24%，比男性劳动者（38.90%）低10.66个百分点。从全部被调查城市看，女性劳动者超时间者的比例为44.50%，比男性（51.46%）低6.96个百分点。可见，在工作时间方面，不仅是上海，在其他城市也是女性优于男性（图6-11）。

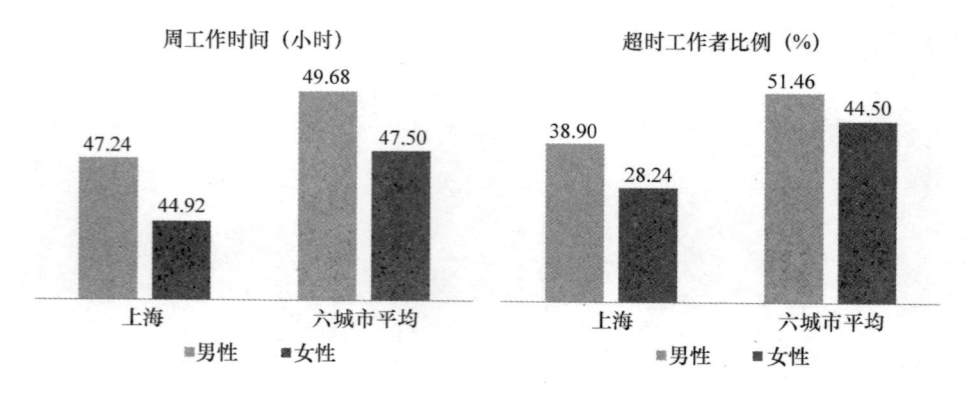

图6-11 上海市劳动者劳动时间的性别差异及与其他城市的比较
资料来源：根据CULS4计算得到。

5. 女性工作满意度高于男性

从工作满意度来看,上海市女性劳动者的工作满意度总体上高于男性。上海市女性劳动者对工作感到满意和非常满意的比例为66.06%,而男性劳动者只有64.84%,女性比男性高1.22个百分点。在全部被调查的六个城市中,女性劳动者对工作感到满意和非常满意的比例为55.69%,而男性为56.74%,女性比男性低1.05个百分点,女性劳动者的工作满意度略低于男性(见图6-12)。比较上海女性劳动者和六个城市女性劳动者对工作的满意度情况,我们发现,上海市女性劳动者对工作感到满意和非常满意的比例高于六个城市女性劳动者对工作满意和非常满意的比例,高出约10.37个百分点。

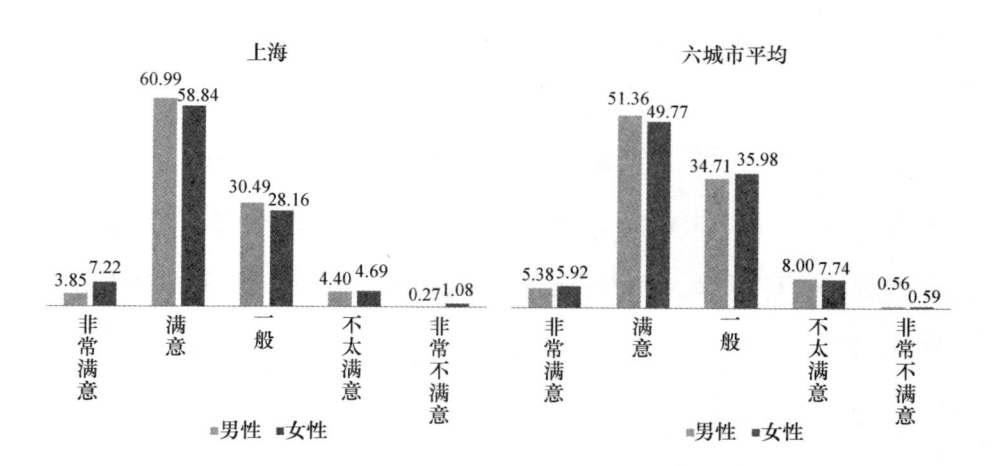

图6-12 上海市劳动者工作满意度的性别差异及与其他城市的比较

资料来源:根据CULS4计算得到。

（四）影响女性劳动者劳动力市场表现的因素分析

通过对调查数据的分析发现，上海市劳动力市场的性别差异主要体现在工资差距和社会保险参与的差距，而在劳动合同签订方面仅有较小的差距；在工作时间和工作满意度方面，上海市女性劳动者优于男性劳动者。因此，我们对上海市女性劳动者的工资水平和社会保险参与情况进行回归分析，以揭示影响上海市女性劳动者劳动力市场表现的相关因素。

本文使用 CULS4 数据，以女性劳动者的小时工资对数、是否参加社会保险（以养老保险为代表）为因变量，以受教育年限、年龄、婚姻状况、户口性质为自变量，控制工作单位类型、行业等因素进行回归分析，回归结果如表6-5所示。

基于对小时工资对数的回归分析，主要有以下四点发现。第一，对上海市女性劳动者而言，受教育程度对女性小时工资收入情况有显著影响，在其他条件相同的情况下，受教育年限每增加1年，上海市女性劳动者小时工资会提高8.74%；比被调查城市的平均水平（6.15%）高2.59个百分点。这表明，上海市经济和劳动力市场运行的市场化程度较高，教育的回报较为明显。因此，提高女性受教育程度是提高上海市女性劳动者工资水平的最重要因素。第二，年龄对上海女性劳动者小时工资没有显著影响。年龄是工作经验的代理变量，也是人力资本水平的重要标志。一般而言，劳动者年龄越大，其工作经验越丰富，在其他条件相同的情况下，其工资水平随着年龄的增长而提高；然而，回归分析表明，上海女性劳动者的年龄对其小时工资并没有显著影响，这在一定程度上意味着，对上海女性劳动者而言，作为工作经验代理变量的年龄在劳动力市场上没有回报，存在一定的年龄歧视。就被调查的六城市平均水平而言，年龄对女性劳动者的小时工资有显著负向影响，即年龄歧视更为明显。第三，婚姻状况对上海女性劳动者的小时工资有一定的影响，但是并不显著，而对于被调查的六个城市平均水平而言，婚姻状况是影响女性劳动者小时工资的重要变量。这说明，在上海劳动力市场对女性劳动者存在一定的婚姻歧视，但相对较小，且不是十分显著；而就六城市平均水平而言，劳动力市场对于未婚女性存在较为明显的歧视。这说明，在其他条件相同的情况下，与已婚女性相比，未婚女性在劳动力市场中处于不利地位，未婚女性小时工资更低。主要原因在于，用人单位担心未婚女性结婚生子和休产假而带来的雇用成本，这体现了社会对女性多重角色期待的冲突，既包括生产性角色（参与就业和生产活动）也包括社会再生产角色（生育和照料）。第四，户口性质对上海女性劳动者小时工资没有显著影响。农业户口对于上海女性劳动者的小时工资有一定的负向影响，但不具有统计意义上的显著性；对于六个城市而言，农业户口对女性劳动者的小时工资有显著的负向影响，在控制其他因素不变的情况下，影响系数为 -5.93%。这表明，与本地劳动力相比，外来劳动力在城市劳动力市场中处于不利地位，在其他条件相同的情况下，外来女性劳动者的小时工资明显低于本地女性。因此，加强对外来女性劳动者的保护能够有效改善女性劳动者在城市劳动力市场的处境，缩小劳动力市场的性别不平等。

对参加社会养老保险情况的回归分析结果显示，对上海女性而言，受教育程度、年龄与参加社会养老保险正相关，农业户口与参加社会养老保险负相关。具体而言，受教育程度每提高1年，参加社会养老保险的概率会提高3.91%；年龄每增加1岁，参加社会养老保险的概率会提高0.67%；农业户口者比非农户口参加社会养老保险的概率低16.52%。对全部被调查的六个城市而言，上述规律性结论同样适用，只是影响程度有一定差异。

上述回归分析结果有以下几个含义：对上海市女性劳动者而言，要提高工资水平进而缩小与男性劳动者的工资差距，需要高度重视和提高女性的受教育程度；要提高社会保险的参与率，也同样需要提高女性受教育程度，同时做好对年轻女性劳动者的参保宣传和鼓励工作，并消除对农业户籍劳动者的歧视。此外，相对六城市平均水平而言，上海劳动力市场中对女性的年龄歧视、婚姻状况歧视和户口歧视相对较小，这意味着，上海劳动力市场相对更为公平。然而，也需要加强对于以上几类歧视的应对和预防，积极构建公平和谐的劳动力市场。

表6-5　　　女性劳动力市场表现影响因素的回归分析结果

自变量	（1）因变量：小时工资对数 上海	（1）因变量：小时工资对数 六城市平均	（2）因变量：是否参加了养老保险 上海	（2）因变量：是否参加了养老保险 六城市平均
受教育程度	0.0874***	0.0615***	0.0391***	0.0501***
	(10.9421)	(15.4675)	(5.8853)	(12.9034)
年龄	0.0027	-0.0025*	0.0067**	0.0049***
	(0.8711)	(-1.6934)	(2.4893)	(3.4114)
婚姻状况	0.0525	0.1357***	-0.0510	0.1284***
（已婚=1）	(0.8260)	(4.4362)	(-0.9394)	(4.2433)
户口性质	-0.0495	-0.0593**	-0.1652***	-0.2243***
（农业=1）	(-0.8908)	(-2.3254)	(-3.7460)	(-9.7606)
单位类型	已控制	已控制	已控制	已控制
行业	已控制	已控制	已控制	已控制
R方	0.4361	0.2712		
观察值	536	2992	541	3115

注：括号内为Z值；***、**和*分别表示在1%、5%和10%的水平上显著。

资料来源：根据CULS 4计算得到。

（五）如何缩减上海市劳动力市场性别差距

劳动力市场性别不平等是很多国家和地区在社会经济发展中普遍存在的问题。提升就业质量、缩小性别差距是建设和谐社会的重要内容。通过对比分析发现，在被调查的六个城市中，上海市女性就业质量处于领先地位。上海市女性就业整体上呈现出工资水平高、工作时间短、劳动合同签订率高、社会保险覆盖面广、行业分布相对高端、外资企业就业占比高、雇员化比例高、非正规就业比例低、工作满意度高等特征。然而，在上海市劳动力市场，女性与男性仍然具有一定的差距，主要表现为工资收入差距和社会保险的参与率两个方面。此外，上海市女性劳动者在劳动合同签订率方面与男性的差距已经非常小，在工作时间和工作满意度方面甚至优于男性。

对比分析发现，在性别工资差距方面，上海市的性别工资差距相对较小，优于沈阳、福州、武汉和西安，但是性别工资差距高于广州。而根据国际劳工组织公布的2016年分性别工资差距数据，与其他国家相比，上海市和中国整体的性别工资差距仍然较大。鉴于缩减劳动力市场的性别差距对于提升劳动供给、实现更充分和更高质量就业以及促进社会发展的重大意义，上海经济在率先实现转型升级的进程中，需要重视劳动力市场的性别差距，应当采取积极措施缩小劳动力市场的性别差距，促进劳动力市场的性别平等，构建兼容、和谐的劳动力市场。此外，国际社会关于"性别平等"和"女性赋权"的讨论日益丰富，成为国际发展领域的重要议题和发展目标。2015年9月，联合国发展峰会通过了2015年后"可持续发展议程"，作为未来15年世界各国发展和国际发展合作的方向；其中，推动"性别平等"和"女性赋权"是重要的可持续发展目标，也成为国际社会衡量发展质量的重要指标。因此，促进女性充分就业和高质量就业对于社会经济的可持续发展具有重要意义。我们建议，通过教育、制度建设、舆论引导、保障覆盖四个方面赋权女性，以消除劳动力市场中的性别歧视。

1. 重视教育

受教育程度是影响上海市女性劳动者劳动力市场表现的重要因素，加强人力资本投资、提高劳动者受教育程度，是提高女性工资水平和促进社会保险参与的根本途径。受教育程度是人力资本最为重要的标志。本文的回归分析表明，受教育程度的提高能够显著降低劳动力市场的性别工资差异，提高女性劳动者的工资水平。因此，关注女性受教育水平、提高女性受教育程度，能够有效改善女性的劳动力市场处境，缩小同男性的差距。女性经济赋权的目标是增强女性对物质资源的控制能力，提高女性在劳动力市场上的经济地位和决策权。妇女应当享有与男性平等的文化教育权利，这是妇女得以生存和发展的基本权益，更是保证男女性别平等的基本条件。中国改革开放以来，女性在受教育机会的获取上与男性差距日益缩小，女性受教育程度显著提高，重视女性教育已经成为全社会的共识。但是，女性教育和男性教育具有一定的差异性，一些女性受教育程度还较低。对于上海而言，尤其应当注重推动郊区和外来务工人员聚居区女童的受教育状况，保障教育权利的性别平等，推动受教育权利的本地和外来儿童平等，提升整体受教育水平。还应当加强职业技能培训、高度教育内容与劳动力市场需求的紧密结合，为上海市长远的发展提供坚实的人力资本基础，同时这也是提高劳动者就业选择权和缩减劳动力市场性别差异的重要途径。

2. 重视制度建设以消除性别歧视和年龄歧视

在城市劳动力市场中，女性往往遭受性别和年龄的双重歧视。中国城市劳动力市场对女性存在明显的年龄歧视，尽管上海的情况相对较好，年龄歧视依然存在，它不仅影响女性的工资收入，还制约女性劳动者的就业选择。消除年龄歧视对提高女性工资水平、缩小性别工资差异、保障女性劳动者权益具有重要意义。

3. 加强舆论引导和建设以消除性别歧视和婚姻歧视

大众传媒中显性的和隐藏的性别意识、婚姻观念会影响和塑造整个社会环境和舆论环境。要加大对舆论的引导和监督，尤其是对大众传播媒介中性别平等意识和性别平等报道的监督。应通过媒体抵制和消除传统性别观念和婚姻观念对女性就业带来的消极影响，努力为未婚女性就业创造良好的社会环境。女性赋权理论认为，提高思想意识是女性赋权的重要途径，必须通过外部力量的引导，将女性组织起来，唤醒女性的意识，提升她们的性别平等意识。

4. 加强保障覆盖面、重视对外省市来沪女性劳动者的保护

对外来女性劳动者的劳动权益保障是一个弱项。根据上海市统计局公布的上海女性人口发展状况及特征分析，外省市来沪女性人数的增加是上海市女性常住人口增加的主要来源，其中74.1%的外来女性来沪务工经商、谋求自我发展，比2000年上升了10个百

分点，外来青壮年女性的流入是上海女性劳动力增加的一个重要源泉。她们大多在个体和私营企业工作，这类企业更容易出现不为外来职工缴纳社会保险、不按法定标准支付加班费，无故拖欠或克扣工资等现象。这需要加大执法督察力度，监督用人单位及时发放工资、保障劳动者的各项基本权利。应完善劳动、司法等部门的职责，形成各方参与、加强协调、齐抓共管，加强对外来女性劳动者的权益保护。在制定相关条例时，应注意增补外来劳动力的合法权益，逐步改变现在外来人口的权利与利益过少的局面。

七　结论与建议

中国经济正处于由中高收入阶段向高收入阶段发展的关键阶段。作为经济发展领先的地区，上海市人均国内生产总值已经在 2011 年达到 12784 美元，高于世界银行划定的高收入的下限，进入高收入阶段。世界各国的经济发展历程表明，从中等收入阶段向高收入阶段的跨越，具有很大的不确定性，在经济结构的转换、增长模式的变革、发展环境的变迁等诸多领域都面临着与以往不同的挑战。作为中国经济发展的排头兵，上海不仅要成为区域经济发展的领头羊，还要成为现代化经济体系建设的先行者和改革开放的引领者。更需要在诸多领域先行先试，为其他地区的经济发展积累成功的经验。

从上海的经济发展规模和发展历程看，也具备先行先试的条件。按现价美元折算，2018 年上海市地区生产总值达到 4752 亿美元，其规模与波兰、比利时、泰国等经济体相当；在中国经济整体迈入高收入阶段之前，有如此规模的区域在整体上实践高收入阶段的体制、机制和发展路径，对实现现代化强国的战略目标，无疑有很大的帮助。

从经济结构上看，上海的结构变化过程以及其在高收入阶段的结构转换和产业升级政策与经验也能为其他地区提供借鉴。当前，中国经济面临的一个重大挑战是如何通过生产率的提高，为经济发展获得持续动力。在这一过程中，配置效率占生产率的比重逐年提高，在2016年达到29%。尤其是经济结构由第二产业向第三产业变化过程中，生产率的U型变化模式，而在第三产业的发展初期，可能首先兴起的是生产率较低的低端服务业，因而带来生产率的小幅回调。然而随着进一步高端服务业的兴起，总体的生产率再次提升。对于其他地区的发展有着积极的借鉴意义。

作为经济发展的排头兵，上海在建设现代化经济体系中承担着更多的责任。我们的分析表明，如果横向比较市场化程度以及市场化演进的趋势，上海在全国都居于领先的地位。但从市场化程度的分项指标看，也需要注意在市场化程度较高的地区的相对地位变化，尤其是在政府与市场关系方面和产品市场发育方面，还需要扭转市场化存在停滞或下滑的趋势。

作为一个国有经济比重较高的特大城市，如何深化国有经济改革，使其在新时代迸发出新活力，并为经济的持续发展作出贡献，是上海在今后一个时期面临的重要课题。通过分类改革，上海在过去几年已经根据国有企业的属性，推出了一系列的改革措施。今后需要不断深化国有企业的改革举措，特别要在如何管好资本、增强国有企业竞争力上，取得突破性进展。

创新发展对于上海这样的经济发展龙头尤其重要，也得到了上海市委市政府的高度重视，上海以创新引领发展的目标就是要成为区域乃至全国的创新龙头。虽然上海在近年来的创新发展中已经取得了突出的成就，但更需要关注上海与其他经济发达地区和城市在创新驱动中的相对地位。要注意到，一些城市如深圳、杭州已经在创新发展过程中取得更具活力的表现。上海要进一步优化投资和创业环境，吸引更多具有发展潜力的企业和新兴业态加入到上海的经济建设中。

经济高质量的发展离不开高效、稳定与和谐的劳动力市场。近年来，上海市政府出台了一系列旨在促进就业、提升劳动者人力资本和保障劳动者权益的法律实施细则和劳动力市场政策，形成了较为健全的劳动力市场制度，但是在"构建和谐劳动关系"方面依然任重道远。

应当把握新时代就业趋势和劳动关系的新特征，尤其注重就业形式多元化和信息化这两大因素对传统劳动关系带来的冲击，积极构建包容性的劳动关系，容纳多样化的劳动者需求和多种劳动关系形式。上海在率先实现转型升级的过程中，随着经济结构优化升级和新旧增长动能的转换，用工形式多样化、灵活化和复杂化的特征更为明显，劳动者的诉求、劳动争议的形式也将更为复杂和多元化。应当积极探索和构建包容性的劳动力市场制度，以包容性、灵活性、高覆盖为原则，积极探索新型的劳动力市场制度建设。缩小劳动力市场上的性别差异。

老龄化对上海社会经济发展的挑战非常明显，较之全国其他地区，上海的老龄化起步更早、程度更深。在这种背景下，上海应该致力于建立与劳动力市场相互协调的社会保障体系：建设鼓励劳动参与为导向的保障制度；建立以吸引新流入人口为导向的保障制度；建立以提高生产率为导向的保障制度。以更加积极的态度推动户籍制度改革。

参考文献

都阳（2016）：《论劳动力市场改革的两个目标》，《中共中央党校学报》第 20 卷第 5 期。

都阳、贾朋（2018）：《劳动供给与经济增长》，《劳动经济研究》第 6 卷第 3 期。

国务院新闻办公室（2015）：《中国性别平等与妇女发展》，新华网，http：//news. xinhuanet. com/politics/2015 – 09/22/c_ 1116636886. htm，最后访问日期：2018 年 2 月 14 日。

李小彤（2016）：《性别平等化进程中的女性就业：任重而道远》，《中国劳动保障报》12 月 17 日第 3 版。

Beynon, Louise (2004). Dilemmas of the Heart：Rural Working Women and Their Hopes for the Future. In Arianne Gaetano & Tamara Jacka (eds.). *On the Move：Women and Rural-to-Urban Migration in Contemporary China*. New York：Columbia University Press.

Blanchard, Olivier & Justin Wolfers (2000). The Role of Shocks and Institutions in the Rise of European Unemployment: The Aggregate Evidence. *Economic Journal*, 110 (462), C1 – C33.

Botero, Juan, Djankov Simeon, Rafael La Porta, Florencio Lopez-de-Silanes & Andrei Shleifer (2004). The Regulation of Labor. *Quarterly Journal of Economics*, 119 (4).

Dar, Amit & Zafiris Tzannatos (1999). Active Labor Market Programs: A Review of the Evidence from Evaluations. *The World Bank Social Protection Discussion Paper*, No. 9901.

Epure, Manuela (2017). University-Business Cooperation: Adapting the Curriculum and Educational Package to Labor Market Requirements. De Gruyter, Proceedings of the 11th International Conference on Business Excellence.

Gaetano, Arianne (2004). Filial Daughters, Modern Women: Migrant Domestic Workers in Post-Mao Beijing. In Arianne Gaetano & Tamara Jacka (eds.). *On the Move: Women and Rural-to-Urban Migration in Contemporary China*. New York: Columbia University Press.

Legree, Scott, Tammy Schirle & Mikal Skuterud (2017). The Effect of Labor Relations Laws on Unionization Rates within the Labor Force: Evidence from the Canadian Provinces. *Industrial Relations: A Journal of Economy and Society*, 56 (4).

Lou, Binbin, Zhenzhen Zheng, Rachel Connelly & Kenneth Roberts (2004). The Migration Experiences of Young Women from Four Counties in Sichuan and Anhui. In Arianne Gaetano & Tamara Jacka (eds.). *On the Move: Women and Rural-to-Urban Migration in Contemporary China*. New York: Columbia University Press.

OECD (2004). *OECD Employment Outlook*. Paris: OECD.

UNDP, Regional Centre for Asia Pacific, Colombo Office (2010). Asia-Pacific Human Development Report, Power, Voice, and Rights: A Turning Point for Gender Equality in Asia and the Pacific.

蔡昉，现任中国社会科学院副院长，第十三届全国人民代表大会常务委员会委员、农业与农村委员会副主任委员。主要研究领域包括劳动经济学、人口经济学、中国经济改革、经济增长、收入分配和贫困以及"三农"问题的理论与政策等。著有《破解中国经济发展之谜》《从人口红利到改革红利》《四十不惑：中国改革开放发展经验分享》等。

都阳，中国社会科学院人口与劳动经济研究所研究员、教授、博导、副所长，兼任中国社会科学院人力资源研究中心主任，《劳动经济研究》杂志副主编。

1999年7月毕业于浙江大学，获博士学位。主要研究领域为劳动经济学、经济增长与发展、人口经济学。曾在国内外期刊上发表论文一百余篇。主要著作包括《中国贫困地区农户劳动供给研究》《劳动力流动的政治经济学》《劳动力市场的转型与发育》等。2003年获第三届"胡绳青年学术奖"经济学一等奖。2016年获"张培刚发展经济学奖"。主持国家自然科学基金、国家社科基金和福特基金会等资助的多项科研项目。享受国务院政府特殊津贴。